# 中国式沟通艺术

伯言·········编著

中华工商联合出版社

# 前言

沟通是很寻常的事，我们每天都在与人沟通。有些人与我们志同道合，我们要动员他们一起行动，建设我们想要的生活。有些人并不关心我们热心的事物，这就需要我们去激发他们的兴趣与热情。有些人站在我们的对立面，我们就要跟他们解释，说服他们改变。这就是沟通的本质。我们要想发挥沟通的力量，就得认真把握所有的这些机会。

但即使我们很努力，也不能做到每一次沟通都是有效的。你是否还记得，哪些谈话是不欢而散的？哪些话题容易引起争吵，以致你总是避免谈论它们？哪些要求是你不敢提出来的，因为你怕会遭到严厉的拒绝？哪些意见是你从不敢说出口的，因为你怕招致误解和报复？可见，当沟通陷入僵局、出现分歧，就成了高难度沟通，如果不能正确地打破僵局、化解分歧，我们就会被困住，无法脱身。

那么，沟通的僵局是如何产生的呢？

要弄清这一点，我们首先要明白什么是沟通的僵局。沟通的僵局，就是我们反复沟通，却没有办法实现我们想要的目标。身陷僵局中时，我们往往都意识不到这点，于是我们反复强调自己的想法，做出解释，但是对方就是不理解或者听不明白，于是挫败、怨恨、绝望等负面情绪就产生了。

当你的想法不被对方理解，双方就有了分歧。对于分歧，我们首先要明白一点：分歧只是表明双方的价值观不同、关注点不同、追求的东西不一样，所以才没法让思路在一个频道，导致正常的沟通无法进行下去。

在这个竞争异常激烈的社会，自我推荐、介绍产品、主持会议、商务谈判、交流经验、鼓励员工、化解矛盾、探讨学问、接洽事务、交换信息、传授技艺，还有交际应酬、传递情感和娱乐消遣等都离不开沟通。沟通能力的高低直接影响到一个人的人际关系和事业发展。从某种角度说，生活中99%的难题都是沟通不畅导致的。人们常因为观点不同、立场不同、理解不同、优先级不同而产生争吵。如果没有一套应对复杂情况的沟通技巧，你就很容易陷入不良情绪中，损害自己的各种人际关系，影响自己的职业发展和生活状态。

在这本书里，我们并不是在一般意义上抽象地讨论"僵局"二字。但是，在所有这些情形当中，打破僵局都得从一次具体的谈话开始。没有解决不了的事，只有不会沟通的人。本书提供了各种高难度沟通的方法和实战练习，帮读者打破沟通僵局，让读者从现在开始，停止争论对错，成为沟通高手。

目录

上 篇

# 巧用策略，赢得认同支持

## 第一章 / 让别人喜欢你的心理策略

想让别人喜欢你，先去喜欢别人 / 2
第一印象塑造好，以后交流更顺畅 / 4
把握好开始五分钟攀谈，以后交流自然顺畅 / 6
适时附和，更容易讨对方欢心 / 10
用好"您"字，会让你更受欢迎 / 13
到什么山唱什么歌，不同人要区别对待 / 14

## 第二章 / 令他人赞同的心理策略

抓住他人的心理，把话说到点子上 / 19
巧用人们的逆反心理来说话 / 21
用富有热情和感染力的语言影响对方 / 23
顺言逆意归谬法，让强势的他也点头 / 25
容忍对方的反感，让他不再反感 / 27

**第三章** / 让他人心甘情愿帮忙的心理策略

外表是打动对方最直观的方式 / 29
满足对方心理,为沟通打好基础 / 31
让自己看起来更成熟,对方心里会踏实 / 33
适当转移话题,调动对方的谈兴 / 36
"理直气壮"的理由让对方更容易接受 / 38
激起对方同理心 / 39

**第四章** / 让他人欣然接受"拒绝"的心理策略

放缓、淡化,不伤其自尊地将其拒绝 / 43
先承后转,让对方在宽慰中接受拒绝 / 45
先说让对方高兴的话题,再过渡到拒绝 / 47
巧踢"回旋球",利用对方的话来拒绝他 / 49
适当自嘲,降低对方期望值顺势将其拒绝 / 51

中 篇

# 洞悉人性，沟通自然顺畅

## 第一章 / 洞悉人性，拿捏分寸

对方再谦虚，也不要过分表现自我 / 58

你可以保守他的秘密，但莫让他保守你的秘密 / 61

以诚动人，抓住他人心 / 64

展现自信的风采，给对方一颗定心丸 / 67

率先化干戈为玉帛，敌对的他也会成为朋友 / 70

充分交流，才能获得更多信息 / 72

## 第二章 / 以心交心，互惠互利

如果能被对方需要，你也会变得重要 / 75

让合作者生活得更好，你也能更好地生活 / 78

不报复对方，也是在为自己开路 / 82

告诉他"你很重要"，回报定比预期多 / 85

平时多帮人，急时有人帮 / 87

主动吃亏，让对方不得不还以人情 / 91

## 第三章 / 将心比心,换位思考

想钓到鱼,就要像鱼一样思考 / 94
让他知道你了解他、包容他,合作更容易 / 96
不揭对方伤疤,他不痛你也好过 / 100
站在对方立场说话,他才容易听你的话 / 102
诙谐对待他人的错误,他过得去你也过得去 / 104

## 第四章 / 知晓方圆,精明生存

绕一些圈子,让表达更委婉 / 107
未出头时,要能而有度 / 110
如果对方很刚硬,你可运用柔的策略 / 113
无论对方是什么人,一定要记住"过犹不及" / 116
辉煌时转身,保命亦留名 / 119
说出来的永远都要少于需要说的 / 122

# 下 篇

# 见微知著，解开心理密码

## 第一章 / 察言观色，掌握主动

从衣服的选择来判断人的个性特征 / 128
从服装颜色的选择看透对方 / 130
自然与时尚，展现个性的保守与开放 / 132
从女性头发的质地与发型观察她 / 134
奇妙多变的眼神有哪些含义 / 136
从眼神窥视对方的动机 / 138
男女眼神的差异 / 140
点睛之笔：从眉毛观察他人 / 143
鼻子：人们性情的象征 / 146
祸福的门户：善变的嘴巴 / 148
嘴唇厚薄与人的性格 / 150
透过说话的韵律见人心 / 151
从说话特点看透对方的性格 / 152
从接受表扬的态度看透对方 / 154

## 第二章 / 一举一动，皆有文章

从阅读习惯上看人的内心 / 158
从个人嗜好识别对方 / 160

下意识动作和真实想法 / 164
从旅游偏好窥探人的性格 / 166
从读书看人的性格特征 / 168
从益智游戏来观察对方 / 169
酷爱不同球类运动的人 / 172
主动当介绍人的人喜欢自我表现 / 174
喜欢自曝隐私并揭人隐私者的心理动机 / 175
从握手观察对方的性格 / 178

# 上篇

## 巧用策略,赢得认同支持

# 第一章
# 让别人喜欢你的心理策略

## 想让别人喜欢你，先去喜欢别人

奥地利个体心理学创始人阿尔弗雷德·阿德勒说："一个不关心别人，对别人不感兴趣的人，他的生活必然遭受重大的阻碍和困难，同时会给别人带来极大的损害与困扰。所有人类的失败，都是由于这些人才发生的。"

一个人如果只关心自己，他很难成为一个被人喜欢的人。要成为受人敬重的人，必须将你的注意力从自己的身上转到别人的身上去。一位哲学家说："人性中最强烈的欲望便是希望得到他人的敬慕。"如果你过度关心自己，就没有时间及精力去关心别人。别人无法从你这里得到关心，当然也不会注意你。

伍布奇先生是一家公司的总裁，也是著名的销售专家，当人们问及一个成功的销售员该具备哪些基本条件时，伍布奇先生脱口而出："当然是喜欢别人。还有，一个人必须了解自己公司的产品而且对产品有信心，工作要勤奋，善于运用积极思想。但是,最重要的是他一定要喜欢他人。"

### 让别人体会到你的喜爱之情

让对方感觉到更加自信。

让对方有志同道合的感觉。

这个故事告诉我们,受人欢迎是销售员素质的某种表现形式,因为从某种程度上讲,你在推销产品的同时,也在推销自己。将这一点扩大到人际交往的层面上来,当一个人可以真心地喜欢他人时,他一定会招人喜欢。所以,要获得他人的喜爱,首先必须要真诚地喜欢他人。当然,这种喜欢必须是发自内心的,而非别有所图的虚情假意。

如果你要别人喜欢你,请对别人表现出诚挚的关切。这是美国第26任总统西奥多·罗斯福异常受欢迎的秘密之一,甚至他的仆人都喜爱他。他的黑人男仆詹姆斯·亚默斯,写了一本关于他的书,取名为《西奥多·罗斯福,他仆人的英雄》。在这本书中,詹姆斯·亚默斯讲述了许多富有启发性的事件。

有一次，我太太问总统关于一只鹌鸟的事。她从没有见过鹌鸟，于是总统详细地描述一番。没多久之后，我们小屋的电话铃响了。我太太拿起电话，原来是总统。他说，他打电话给她，是要告诉她，她的窗口外面正好有一只鹌鸟，又说如果她往外看的话，可能看得到。他时常做出类似的小事。每次他经过我们的小屋，即使他看不到我们，我们也会听到他轻声叫出："呜，呜，呜，安妮！""呜，呜，呜，詹姆斯！"这是他经过时一种友善的招呼。

从现在开始，真诚、友善地去喜欢你周围的人吧。相信，这也会让他们真诚、友善地喜欢你！

## 第一印象塑造好，以后交流更顺畅

日常生活中，我们都有过这样的体验，初次与人见面时，对方的相貌、举止、言语、风度等某些方面会迅速地映在你的脑海中，形成最初感觉，即第一印象。第一印象主要源于人的直觉观察，根据直觉观察到的信息加以综合评判，然后以某种形式固定下来。

在社交活动中，第一印象很重要。它是在没有任何成见的基础上，完全凭着你的"自我表现"来判断的，因而第一印象直观、鲜明、强烈而又牢固。如果你的相貌俊美，举止端庄大方，言语机智，谈吐风趣幽默，风度翩翩，谦虚而不自卑，自信而不固执，倔强而不狂妄，你就会给人留下美好而难忘的印象。

当然，人无完人，所有的优点和美德不可能都集中在一个人身上。但你若具有其中某一方面或某一方面的某一点，再注意扬长避短，将其发扬光大，也同样可以获得良好效果。

第一印象的好坏，决定着社交活动能否继续下去。第一印象好，人家就愿意和你进一步来往，通过一段时间的交往与了解，人家觉得你的确不错，你们的关系就会顺畅发展。如果对方是你的客户，你在事业上就多了一个合作伙伴；如果对方是你的同事，你在工作中就多了一个支持者；如果对方是你的邻居，你在生活中就多了一个朋友。第一印象不好，你与人家的交往便有可能就此止步，因为人家不想再见到你。纵然你有多么美好的动机、多么宏伟的蓝图和构想，也只能化成泡影了。

第一印象直接影响着对一个人的评价。一个人的言谈举止，是构成人们对他直接评价的主要因素。许多人在初次交往时，就很快被对方所接受，或奉为事业中的楷模，或尊为学业上的恩师，或敬为思想上的领袖，或求为人生的伴侣。

第一印象的烙印是非常深刻的，很长时间都不容易被改变。在许多回忆录中，我们常常可以读到这样一段话："他还是老样子，像我第一次见到他的时候。"多少年以后，一个人怎么会没有变化呢？但在作者眼里，对方还是他初次见到的模样。事实上不是对方依然如故，而是作者脑中的第一印象太深刻了，没有随着时间的流逝而改变。

中国老百姓中流传着这样一句话：到了新环境，头三脚踢开，以后就容易了。与人交往也是同样的道理，在他人心中的第一印象塑造好了，日后发展才有了坚实的基础。

## 把握好开始五分钟攀谈，以后交流自然顺畅

人们第一次相遇，需要多长时间决定他们能否成为朋友？伦纳得·朱尼博士在所著的一本书中说："交际的点，就在于他们相互接触的第一个五分钟。"朱尼博士认为："人们接触的第一个五分钟主要是交谈。在交谈中，你要对所接触的对象谈的任何事都感兴趣。无论他从事什么职业、讲什么语言、以什么样的方式，对他说的话都要耐心倾听。如果你这样做了，你会觉得整个世界充满了情趣，你将交到无数的朋友。"

许多人同陌生人说话都会感到拘谨。建议你先考虑一个问题，为什么你跟老朋友谈话不会感到困难？原因很简单，因为你们相当熟悉。相互了解的人在一起，会感到自然协调，而对陌生人却一无所知，特别是进入充满陌生人的环境后，有些人甚至会产生不自在和恐惧的心理。你要设法把陌

生人变成老朋友，首先要在心里建立一种乐于与人交朋友的愿望，心里有这种要求，才能有行动。

以到陌生人家中去拜访为例：如果有条件，首先应当对要拜访的客人做一些了解，掌握对方一些情况，比如他的职业、兴趣、性格等。

### 五分钟，和陌生人交朋友

当你想要拜访一位很重要的人物时，不妨先从他的朋友那里了解一下他的故事，以此来打开对方的话匣子。

> 我明天要去拜访张老师，你能先和我说说他的情况吗？

> 他最近刚刚评上了特级教师，你可以多聊聊这个话题。

> 你这个包我也有一个，我也非常喜欢这个牌子。

> 是吗？你对这个品牌的包很了解啊。

初次见面的两个人，如果想要打开尴尬的局面，不妨先谈论一下彼此都知道的话题，这样也会产生一种好感。

> 您儿子在哪个大学读书啊？

> 在北京大学读书呢！

对于中年人，他们关心的就是子女、健康、过去的荣誉，只要抓住这几点，就不怕打不开他们的话匣子了。

上篇 巧用策略，赢得认同支持

当你走进陌生人的住所时，你可凭借你的观察力，看看墙上挂的是什么？比如国画、摄影作品、乐器，都可以推断主人的兴趣所在，甚至室内某些物品会牵引出一段故事。如果你把它当作一个线索，就可以由浅入深地了解主人心灵的某个侧面。当你抓到一些线索后，就不难找到开场白。

如果你不是要见一个陌生人，而是参加一个充满陌生人的聚会，观察也是必不可少的。你不妨先坐在一旁，耳听眼看，根据了解的情况，决定你可以接近的对象。一旦选定，不妨走上前去向他作自我介绍，特别是对那些同你一样在聚会中没有熟人的陌生者，你的主动行为肯定会受到欢迎。

需要注意的是，有些人你虽然不喜欢，但必须学会如何与他们谈话。当然，人都有以自我兴趣为中心的习惯，如果你对自己不感兴趣的人一眼都不看，一句话都不说，恐怕也不是件好事。别人会认为你很骄傲，甚至有些人会把这种冷落当作侮辱，从而产生隔阂。和自己不喜欢的人谈话时，第一要有礼貌，第二不要谈论有关双方私人的事，这是为了使双方自然地保持适当的距离，一旦你愿意和他交朋友，就要一步一步设法缩小这种距离，使双方容易接近。

在你决定和某个陌生人谈话时，不妨先介绍自己，给对方一个接近的线索，你不一定先介绍自己的姓名，因为这样人家可能会感到唐突。不妨先说说自己的工作单位，也可问问对方的工作情况。一般情况下，你先说了自己的有关情况，人家也会相应告诉你他的有关情况。

接着，你可以问一些有关他本人且不属于秘密的问题。如果对方是中年人，你可以问他的子女在哪里读书，也可以问问对方单位一般的业务情况。对方谈了之后，你也应该顺便谈谈自己的相应情况，才能达到交流的目的。

和陌生人谈话，要比对老朋友更加留心对方的谈话，因为你对他所知有限，更应当重视已经得到的任何线索。此外，他的声调、眼神和回答问题的方式，都可以揣摩一下，以决定下一步能否成为更好的朋友。

有人认为见面谈天气是无聊的事。其实，这要具体问题具体分析。如果一个人说："这几天的雨下得真好，否则田里的稻苗就旱死了。"而另一个则说："这几天的雨下得真糟，我们的旅行计划全泡汤了。"你不是也可以从这两句话中分析两人的关注点和性格吗？退一步说，光是敷衍的话，在熟人中意义不大，但对与陌生人的交往还是有作用的。

如遇到那种比你更羞怯的人，你应该跟他先谈一些无关紧要的事，让他心情放松，以激起他谈话的兴趣。和陌生人谈话的开场白结束之后，特别要注意话题的选择。那些容易引起争论的话题，要尽量避免，为此当你选择某种话题时，要特别留心对方的眼神和小动作，一发现对方有厌倦、冷淡的情绪时，应立即转换话题。

在与人聚会时，常常会碰到请教姓名的事，人们常说

"请问尊姓大名"。你要牢牢记住对方的姓名,对方说出姓名之后,你应立即用这个名字来称呼他。当你碰到一个可能已经忘记名字的人,你可以表示抱歉,然后询问:"对不起,不知怎么称呼您?"也可以说半句话,比如"您是……""我们好像……",意思是想请对方主动补充回答,如果对方心领神会,他会自然地接下去。

学会和陌生人攀谈,谁都可能成为你的朋友。

## 适时附和,更容易讨对方欢心

多听别人说,我们才能了解到对方更多的信息。然而,不是每个听力正常的人都懂得倾听的艺术,尤其是想讨对方欢心的时候,仅仅靠听就完全不够了,更重要的是要会适时附和对方。不信,看看下面的例子就知道了。

有人做过这样一个实验,以证明听者的态度对说者有着极大的影响。实验者让学生表现出一副心不在焉的样子,结果上课的教授照本宣科,不看学生,无强调、无手势。如果让学生积极投入地倾听,并且开始使用一些身体语言,比如适当的身体动作和眼神接触。结果教授的声调开始出现变化,并加入了必要的手势,课堂气氛就此生动起来。

由此看出，当学生表现出一副心不在焉的样子，教授因得不到必要的回应而变得满不在乎起来；当学生改变态度，用心去倾听时，其实是从一个侧面告诉教授：你的课讲得好，我们愿意听。这就是无声的赞美，并且起到了积极的效果。

## 适时附和，才是好的交流方式

只是倾听而不附和，会让别人觉得你心不在焉，你们的交流就索然无趣，你也不会从别人那里得到更有效的信息。

恰当的附和，不但表达了你对对方观点的赞赏，而且还对他暗含鼓励之意。

与他人交谈的时候，你若想讨对方欢心，想把交流愉快地延续下去，那就不要只是傻傻地听，而是要学着适时附和。

从上面的例子可以看出，倾听时加入必要的语言反馈或身体语言，是非常有效的。

行动胜于语言。身体的每一部分都可以显示出激情、赞美的信息，也可增强、减弱或躲避、拒绝信息的传递。善于倾听的人，是不会做一部没有生气的录音机的，他们会以一种积极投入的状态，向说话者传递出"你的话我很喜欢听"的信息。

录音机是没有眼睛的，但"眼睛是心灵的窗口"。适当的眼神交流可以增强听的效果。这种眼神是专注的，而不是游移不定的；是真诚的，而不是虚伪的。

录音机做不了"小动作"，而倾听者可以做一些"小动作"。身体向对方稍微前倾，表示你对说话者的尊敬；正向对方而坐，表明"我们是平等的"，这可使职位低者感到亲切，使职位高者感到轻松。自然坐立，手脚不要交叉，否则会让对方认为你傲慢无礼。倾听时和说话人保持一定的距离，恰当的距离给人以安全感，使说话者觉得亲切自然。动作跟进要合适，太多或太少的动作都会让说话者分心，让他认为你厌烦了。正确的动作应该跟说话者保持同步，这样，说话者一定会把你当作知心人。

倾听并不意味着默默不语，除了做一些必要的小动作外，还得动一动自己的嘴。恰当的附和不但表达了你对对方观点的赞赏，而且还对他暗含鼓励之意。

当你对他的话表示赞同时，你可以说：

"你说得太好了！"

"非常正确！"

"这确实让人生气!"

这些简洁的附和让说话者为想释放的情感找到了载体,也表明了你对他的理解和支持。

同时,听者还可以用一些简短的语句将说者想传达的中心话题归纳一下,使说者的思想得以凸显和升华,也能提高听者的位置。

## 用好"您"字,会让你更受欢迎

想让你的交流取得良好效果吗?那么,与人交谈时,请选择他们感兴趣的话题。什么是他们最感兴趣的话题呢?当然是他们自己。

当你与他们谈及他们自己时,他们就会兴致勃勃,且完全着迷,他们对你的好感会油然而生。

你真的想成为会说话的人吗?那么,从现在起,把"我""我自己""我的"这几个词从你的词典中删除。你要开始用另一个词——"您"。例如,"这是给您做的""您会从中得到好处""假如您这么做,您将会从中受益无穷""这将会给您的家庭带来欢乐"等。

当你能放弃谈论自己和使用"我""我自己""我的"这几个词而产生满足感时,你的办事效率,你的影响力、号召力将会大大提高。虽然做到这一点是有难度的,而且需要不断地练习，但是一经付诸实践，它给予你的回报将会让你觉得这样做非常值得。

还有一种利用"人们关心自己"这一特点的方式是，让他们谈论他们自己。这时，你会发现人们热衷于谈论自己胜过任何话题。要是你能够巧妙地引导人们谈论他们自己，他们将会很喜欢你。

大多数人很难对别人产生影响力或号召力，这是由于他们总是忙着考虑自己，忙着谈论自己，忙着表现自己。但是，请记住这样一个事实：你要谈论对方感兴趣的内容，你的听众才会对谈话感兴趣。除非你不想成为会说话的人，除非你不想让自己的人际关系更融洽。所以，当你与人谈话时，更多地谈论对方，并引导对方谈论他们自己吧！这样，你一定能够成为一名受欢迎的、会说话的人。

## 到什么山唱什么歌，不同人要区别对待

中国有句俗语："到什么山唱什么歌，见什么人说什么话。"说话不看对象，如同盲人摸象。反之，了解了对方的情况，并依据其情况，寻找与之相适应的话题，双方就会觉得谈话比较投机，彼此在感情上也显得比较亲密。对方会觉得你是一个极具亲和力的人，从而愿意与你相处。

## 见什么人说什么话

不分对象，不看对方身份，说话的口气不适宜，就会让对方产生厌恶情绪。

摸洞察对方无意中的小动作，有时会透漏出比语言更真实、有效的信息。

几乎没有一个人在说话的时候不考虑彼此的身份。不分对象，不看对方身份，都用一样的口气说话，是幼稚无知的表现。下级对上级、晚辈对长辈、学生对老师、普通人对有名气地位的人等，不必表现出屈从、奉迎，但在言谈举止上也不要过于随便，而且有必要表现得更加尊重一些。在不是十分严肃隆重的场合，身份较高的人对身份较低的人说话越随和风趣越好，而身份较低的人对身份较高的人说话则不宜太过随便，尤其在公众场合，说话要恰如其分地把握好自己与对方的身份差别。地位是个人在团体组织中担任的职位和在社会关系中所处的位置。个人的社会地位不同，就会有不同的人生经历、素质层次、社会职责和交际目的，对口才表达也会产生不同的需求。

例如，与上司说话或探讨工作，我们应该尽量向上司多请教工作方法，多讨教办事经验，他会觉得你尊重他，看得起他。在工作和办事过程中，即使你全都懂，也可以装出有不明白的地方或者多设想几种情况，然后主动去询问上司："关于这件事，我不太了解，应该怎么办？""这件事依我看来这样做比较好，不知您有何高见？"

上司一定会很高兴地说："嗯，就照这样做！""这个地方你要稍微注意一下！""大体这样就好了！"如此一来，我们不但会减少错误，上司也会感到自身的价值，而有了他的帮助和支持，后面的事情就好办得多了。

和人交谈要看对方的身份、地位，还要看对方的性格特点，针对他的不同特点，采取不同的说话方式，这样才有利于解决问题。

战国时期纵横家鬼谷子指出："与智者言依于博，与博者言依于辨，与辩者言依于要，与贵者言依于势，与富者言依于豪，与贫者言依于利，与卑者言依与谦，与勇者言依于敢，与愚者言依于锐。"意思是说：和聪明的人说话，须凭借见闻广博；与见闻广博的人说话，须凭借辨析能力；与善于辩论的人交谈,要懂得抓住重点,简明扼要;与地位高的人说话,态度要充满自信;与有钱的人说话,言辞要豪爽;与穷人说话,要动之以利;与地位低的人说话,要谦逊有礼;与勇敢的人说话不要怯懦;与愚笨的人说话,可以锋芒毕露。

另外,可以通过对方无意中显示出来的态度及姿态,了解他的心理,有时能捕捉到比语言表露更真实、更微妙的思想。例如,对方抱着胳膊,表示在思考问题;抱着头,表明一筹莫展;低头走路,步履沉重,说明他心灰气馁;昂首挺胸,高声交谈,这是自信的流露;真正自信而有实力的人,反而会身体前倾,谦虚地倾听别人的讲话;抖动双腿常常是内心不安、苦思对策的表现,若是轻微颤动,可能是心情悠闲的表现。

与人沟通必须看清对方的文化层次。埋头做事者常常是事业心很强或对某事很感兴趣的人,一旦开始做事,便全身心投入,不愿被他人打扰。这种人往往惜时如金、爱时如命、铁面无情。要敲开这种人的门,首先不要怕碰钉子,还要有足够的耐性,并且要善于区分不同情况,对症下药。

毕加索的妻子弗朗索瓦斯·吉洛特十分喜欢绘画,一入画室便不容有人打扰。一次她正在作画,儿子小科劳德想让妈妈带他去玩,便敲响了门,可吉洛特已全身心投入到绘画上，听到敲门声和儿子的喊声，只是回应了一声"哎"，仍旧埋头作画。停了一会儿，门还没开，儿子又说："妈妈，我爱你。"可得到的回应是："我也爱你，我的宝贝儿。"但门还是没开。儿子又说："我喜欢你的画，妈妈。"

吉洛特高兴了，她说道："谢谢！我的心肝，你真是个小天使。"可仍旧不去开门。儿子又说："妈妈，你画得太美了。"吉洛特停下笔，没有说话，也没有动。儿子又说："妈妈，你画得比爸爸好。"吉洛特的画当然不会比毕加索的更好，但儿子的话却说到了她的心里，她从儿子那夸赞的评价中感受到了儿子的迫切心情，于是她把门打开了。

自命清高者常常是洁身自好的墨客或职场失意的文人，或者是那些自命不凡、看破红尘的人。这种人文化层次一般都较高，他们自以为比别人高明，不愿与常人交往，却希望同有才华的人结交。因此，要顺利地叩开这种人的大门，有效的办法是善于表现自己，设法展示出自己的才华，引起他的敬才爱才之心。

# 第二章
# 令他人赞同的心理策略

## 抓住他人的心理，把话说到点子上

想让对方接受你的劝说，首先要了解对方的心理，再通过你对双方共同追求的描述，渐渐地使他消除戒备心理，这是很有效的方法。

与人交谈时，话题的展开如果能迎合对方的心理，就能以更加牢固的纽带来连接双方心理上的齿轮，增进彼此的情感交流。一般人都认为，只要说得有理对方就一定能接受，但是，要使对方真正理解并能彻底接受，就应该将沟通渠道建立在抓住对方的心理上。

小吴大学毕业后决心自谋职业。一次，他在一家报纸的广告里看到某公司要招聘一位具有特殊才能和经验的专业人员。小吴没有盲目地应聘，而是花费了很多精力，广泛收集该公司经理的有关信息，详细了解这位经理的奋斗史，然后才毛遂自荐。见面之后，小吴这样表明自己的意愿。

"我很愿意到贵公司工作，我觉得能在您手下做事，是最大的光荣。因为您是一位依靠奋斗取得事业成功的企业家。我知道您28年前创办公司时,只有一张桌子、一位职员和一部电话机,经过您的艰苦奋斗,才有了今天的事业。您这种创业精神令我钦佩,我正是由于仰慕这种精神才前来接受您的挑选的。"

## 把话说到别人心里去

嘴上常挂他人的闪光点。

看准他人的嗜好,打开"话匣子"。

如有难言之隐,试着找他人"帮帮忙"。

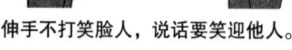

伸手不打笑脸人,说话要笑迎他人。

所有事业有成的人，差不多都乐于回忆当年的奋斗经历，这位经理也不例外。小吴一下子就抓住了经理的心，这番话引起了经理的共鸣。因此，经理乘兴谈论起自己的创业经历，小吴始终在旁洗耳恭听，并以积极回应表示钦佩。最后，经理向小吴很简单地问了一些情况，直接拍板说："你就是我们所需要的人。"

想把话说到点子上，就必须抓住对方的心理。如果不知对方心里所想所需，就无法说到点子上。就像一个神枪手，如果蒙上他的眼睛，再让他去找一个目标，那么他只能凭感觉去打，这是难以击中目标的。所以，与人说话时，必须要洞察、迎合对方的心理，才能说到点子上。

## 巧用人们的逆反心理来说话

"请不要阅读第七章第七节的内容。"这是一位作家写在其著作扉页上一句饶有趣味的话。后来，这位作家做了一个调查，不由得笑了，因为他发现绝大部分读者都是从"第七章第七节"开始读他的著作的，而这正是他写那句话的真正目的。

当别人告诉你"不准看"时，你就偏偏要看，这就是逆反心理。这种欲望被禁止的程度越强烈，它所产生的抗拒心理也就越大。如果能善于利用这种心理，不仅可以将顽固的反对者软化，使其固执的态度发生180度的大转变，而且可以打破对方原有的意念，让他按你的意思去办。

某建筑公司有一位姓李的工程师，他就用这种方法说服了一个刚愎自用的人。有一个工头，他常常反对一切改进工作的提议。李工程师想换一个新式指数表，但他想到那个工头必定会反对，于是李工程师去找他，腋下挟着一个新式指数表，手里拿着一些要征求他意见的文件。当大家讨论着这些文件相关内容的时候，李工程师把指数表在左腋下移动了好几次，工头终于先开口了："你拿着什么东西？"李工程师漠然地说："哦！这个吗？这不过是一个指数表。"工头说："让我看一看。"李工程师说："哦！你不要看了。"并假装要走的样子，接着说："这是给别的部门用的，你们部门用不到这东西。"工头说："我很想看一看。"当他认真查看的时候，李工程师就假装随意但又非常详尽地把指数表的性能特点讲给他听。他终于喊起来："我们部门用不到这东西吗？它正是我想要的东西呢！"李工程师故意这样做，很巧妙地把工头说动了。

逆反心理并不是只在那种顽固的人身上才有，其实每一个人身上都长着一根"反骨"。

某报曾连载过一篇以父子关系为主题的记事文章《我家的教育法》，文章中讲到，某位社会名人的孩子在学校挨了顿骂，心里非常怨恨他的老师，甚至想"给他一点颜色瞧瞧"，他父亲听了也附和道："既然如此，不妨真给他点颜色看看，"但接着又说，"不过，纵使你达到了报复的目的，但你却因此而触犯了法律，还是得三思而后行啊。"听父亲这样一说，儿子打消了报复的念头。

无论男性女性，长者幼儿，他们内心多多少少都带有一些逆反心理，只要我们善于抓住那一根"反骨"，轻轻一扭，他们就会按照你的意思去办事。

## 用富有热情和感染力的语言影响对方

你的目标如果是说服，那么请记住动之以情比晓之以理的效果更好。比如，演讲者以充满感情和富有感染力的语句来表达自己的思想时，听众很少会产生相反的意念。

要激起情感，自己必须先热情如火。不管一个人能够撰写出多么精妙的词句，不管他能搜集多少例证，不管他的声音多美妙，手势多优雅，倘若不能真诚讲述，这些都只是耀眼的装饰罢了。

要使听众印象深刻，先得自己有深刻印象。你的精神因为你的双眼而闪亮发光，因为你的声音而传达给更多的人，并因为你的态度而自我焕发，就会与听众产生有效的沟通。每次沟通时，特别是在要说服对方时，你的一举一动总是决定着对方的态度。你如果缺乏热情，对方也会冷淡。

一次，在哥伦比亚大学，卡耐基是三位被邀请上台颁发"寇蒂斯奖章"的评委之一。有六位毕业生经过精心准备，全都急于好好表现自己。他们绞尽脑汁只为获得奖章，而少有或根本没有说服的欲望。

他们选择题目的唯一标准，是这些题目容易在演讲中发挥。没有人对他们的演讲感兴趣，他们一连串的演讲仅是一种艺术表演而已。唯一的例外是一位来自非洲的学生，他选的题目是"非洲对现代文明的贡献"。他所吐露的每个字里都包含着强烈的情感，他的演讲是出于信念和热情的活生生的东西，而不仅仅是表演。他演讲时如同他就是祖国的代表，是那片大陆的代表——充满智慧，品格高尚，满腔善意。他带给人们一种信息，向听众表达祖国人民的希望；他同时也带来一项请求，即渴望听众的了解。

虽然在演讲技巧方面他不比其他五位竞争者出色，但评委们把奖章颁给了他。这位非洲学生在这里以自己的方式学到了一课：仅运用理智是不能在演讲中把自己的个性或思想投射到别人身上的，必须展现出你对自己所讲的内容有多么深挚的信念。

## 顺言逆意归谬法，让强势的他也点头

实践让许多人懂得，当我们面对比较强势的人，或者固执己见的人时，直接反驳其错误可能不会有好的结果，而有效、巧妙的方法当属归谬说服方式。

所谓归谬说服，与直接反驳对方错误观点的方法大相径庭，它是先假设对方的观点言之有理，然后据此引申出一个连对方也不得不承认的很荒谬的结论，从而心甘情愿地放弃原有的错误观点和主张，接受说服者输出的思想信息。

优孟是楚国的艺人，身高八尺，喜欢辩论，常常用诙谐的语言婉转地进行劝谏。

楚庄王有一匹心爱的马，他给它穿上锦绣做的衣服，让它住在华丽的房子里，用挂着帷帐的床给它做卧席，用蜜渍的枣干喂养它。结果马得了肥胖病死了，于是楚庄王让臣子们给马治丧，要求用棺椁殡殓，按照安葬大夫的礼仪安葬马。群臣纷纷劝阻，认为不能这样做。楚庄王急了，下令说："有谁敢因葬马的事再劝说我，立即处死。"

优孟听到这件事，走进宫内，仰天大哭。楚庄王吃了一惊，问他为何而哭。优孟说："这匹马是大王所心爱的，堂堂的楚国，只按照大夫的礼仪安葬它，太寒酸了，请用安葬国君的礼仪安葬它吧。"楚庄王问："怎么安葬？"优孟说："我建议用雕花的玉石和花纹精美的樟木分别做内外层棺材，发动士兵给它挖掘墓穴，让年老体弱的人背土筑坟，请齐国、赵国的代表在前面陪祭，请韩国、魏国的代表在后头守卫，要盖一所庙宇用牛羊猪祭祀它，还要挑选一个万户的大县专门负责祭祀之事。我想各国听到这件事，就都知道大王轻视人而重视马了。"楚庄王说："我的过错竟然到了这种地步吗？现在该怎么办呢？"优孟说："让我替大王用对待六畜的办法来安葬它。堆个土灶做外椁，用口铜锅当棺材，调配好姜枣，再加点木兰，用稻米做祭品，用火光做衣服，把它安葬在人们的肠胃里吧！"楚庄王当即派人把死马交给手下，以免天下人张扬这件事。

在说服他人的过程中，抓住对方观点中隐蔽的荒谬点加以推论，或由此及彼，或由小到大，或由隐到显，最后得出一个荒谬可笑的结论，从而攻破对方错误的论点。这种说服方法用在对待某些固执的人时，可以使其知难而退，从而达到软性说服的目的。

## 容忍对方的反感，让他不再反感

你以前可能会常常见到这样的情况：昨天关系还很好的两个同学，今天早上见面后却如同陌路，原因是"小明背地里跟小亮说我的坏话"。如果你想说服他与小明重归于好，他当然不会理你，而且把脸扭过去，把背朝向你。他会认为"我一直把你当成我的好朋友，你却……""平时我对你那么好，你却……"，从而感到委屈和痛苦。因此，他会对你产生反感，不听你的解释。尤其是在小学生和中学生中间，这种情况尤甚。在成年人的世界里，有时不会把对他人的反感这么直接地表示出来，但是因为对方心存反感，往往会使你的说服以失败而告终。如果他心存反感，你即使求他做点儿小事，他也会以"我太忙""我感觉不能胜任"等为理由，拒绝你的请求。

1991年11月3日夜，美国新一届总统大选揭晓。当选总统克林顿在竞选总部楼前，对他的支持者们发表即兴演说，他先是言辞恳切地感谢昨天还在互相唇枪舌剑、猛烈攻击的主要政敌——现任总统布什，感谢布什从一名战士到一位总统期间为美国做出的出色贡献，并呼吁布什和另一位对手佩罗及其支持者与他团结合作，在他未来的四年任期重塑美国，在全面振兴美国的大变革中继续忠诚地服务于祖国。

而远在异地的布什则打电话祝贺克林顿成功地完成了一场"强有力的竞选",还调侃地告诫克林顿:"白宫是个累人的地方。"并保证他本人和白宫各级人士将全力以赴地与克林顿的团队合作,顺利完成交接工作。

竞选的成功与失败,对于他们来说是欢乐还是悲哀,当然是不言而喻的。但在事实面前,他们都保持了高度的理智,表现出适度的宽容和超然的风度。

事实上,不能容忍别人的人是愚昧的,他们只晓得向来如此,现在也应该如此,所以他们拼命反抗和破坏一切新的环境、新的事物、新的思想和新的人物。对于新的事物、新的环境,我们要努力研究,以求达到能够了解的目的;若是好的、对的,我们便应该吸取、学习。这才是正当、科学的方法,也正是容忍的方法。

# 第三章
# 让他人心甘情愿帮忙的心理策略

## 外表是打动对方最直观的方式

我们看到别人的第一眼时,都希望别人能够打动自己;同样地,我们更希望自己也能打动别人,这点对求人办事是很重要的。如果我们能够打动别人,那么对方很自然地就会帮助我们。反之,如果让别人看我们第一眼就不想看第二眼,那事情就很难有指望了。

俗语说"相由心生",意思是说我们的容貌是在先天遗传的基础上自己塑造的,难怪林肯说:"一个男子40岁以后就必须为自己的脸负责了。"

人人都希望看到,也希望拥有动人的容貌,从古至今都是如此。人们往往都很注重外表形象,殊不知,很多人都会下意识地把一些正面的品质加到外表漂亮的人身上,像聪明、善良、诚实、机智等。更有甚者,当我们做出这些判断时,我们一点也没有觉察到外表在这个过程中所起到的作用。这种趋势可能导致的后果是非常令人不安的。

有人曾对1974年加拿大联邦政府选举的结果进行了研究，后来他们发现，外表有吸引力的候选人得到的选票是外表没有吸引力的候选人的两倍还多。尽管有明显的证据表明，英俊的政治家有很多优势，随后的一个研究却表明投票人并没有意识到自己的偏见。事实上，有73%的加拿大选民都强烈否认他们的投票决定受到了外表的影响，只有14%的人承认也许有这个可能性。但不管投票人怎么否认外表的吸引力对选举结果的影响，还是有源源不断的证据表明，这种令人担忧的倾向的确是一直存在的。

在求人办事时，形象同样具有很重要的作用。有一个例子很能说明问题。

1999年，在中国互联网起步腾飞的时代，一位华裔英国投资商到北京的中关村，和一位电脑才子商谈投资。事后，他说："我怎么也不能相信这个头发如干草、说话结巴的人会向我要500万美元的投资，他的形象和个人素养都不能让我信服他是一个懂得如何处理商务的领导者。"当然，谈判结果可想而知了。

所以，在办事前先把自己的仪表、形象修饰好。

## 满足对方心理，为沟通打好基础

俗语说，"篱笆立靠桩，人立要靠帮"。一个人要想有所成就，必须有求人办事的能力。这个话题，说起来很简单，可真正实施起来，又有多少人能轻松得手呢？我们常能听到这样的唠叨："低三下四求人也未必求得动""软磨硬泡就算求动了，人家也是不情愿，根本不会给你好好办……"

难道我们就不能让人家心甘情愿地帮忙吗？当然不是。有求于人，你必须明确，要对方帮你，唯一有效的、事半功倍的方法就是使对方心甘情愿。那么，我们怎样才能让他人心甘情愿地助我们一臂之力呢？这就需要心理技巧了。

人的需要是各不相同的，每个人都有各自的癖好与偏爱。你首先应当用自己的计划去满足别人的心理，然后你的计划才有实现的可能。例如，说服别人最基本的要点之一，就是巧妙地诱导或影响对方的心理或感情，以使他人就范。如果你特别强调自己的优点，企图使自己占上风，对方反而会加强防范心理。所以，应该注意先点破自己的缺点或错误，使对方产生优越感。

关于这一点，有一个非常有趣的故事。

有一位年轻人是美国有名的矿冶工程师，毕业于美国耶鲁大学，又在德国弗赖堡大学拿到了硕士学位。当年轻人去美国西部的一位大矿主那里求职的时候，却遇到了麻烦。原来那位大矿主是个脾气古怪又很固执的人，他自己没有文凭，所以不相信那些高学历的人，更不喜欢那些文质彬彬又爱讲理论的工程师。当年轻人前去应聘递上学历证书时，满以为老板会乐不可支，没想到大矿主很不礼貌地对年轻人说："我之所以不想用你，就是因为你是德国弗赖堡大学的硕士，你的脑子里装满了一大堆没有用的理论，我可不需要什么文绉绉的工程师。"

聪明的年轻人听了没有生气，心平气和地回答说："假如你答应不告诉我父亲的话，我就告诉你一个秘密。"大矿主表示同意，年轻人对大矿主小声说："其实我在德国弗赖堡大学并没有学到什么，那三年就好像是稀里糊涂地混过来一样。"想不到大矿主听了却笑嘻嘻地说："好，那明天你来上班吧。"就这样，年轻人通过了面试。

或许你觉得大矿主心理有问题，他的观念偏激、夸张，甚至有些滑稽，可年轻的工程师若不让矿主的"问题心理"得到满足，怎么能让他聘请自己呢？

许多人遇到类似的情况，往往喜欢表现出自己比别人强，或者努力证明自己是有特殊才干的人，然而一个真正有能力的人是不会自吹自擂的，所谓"自谦则人必服，自夸则人必疑"就是这个道理。

在办事过程中，你要努力做到这点——先在心理上满足对方，这样事情就会变得简单、顺利多了。

## 让自己看起来更成熟，对方心里会踏实

在人们的心目中，成熟稳重的企业家总是比平民百姓更容易让人信任。不管他们出现在哪里，人们总是对他们特别信任。所以，你为了使自己办起事来更为顺利，不妨从多个方面提高自己，使自己更加成熟稳重。你可以参考下面的做法：

◇为了使你显得出类拔萃，你可以经常表现出肯定的表情，常微笑而不是皱眉，常开怀大笑而不是阴险冷笑。

◇说话时不要吞吞吐吐，因为这会让人觉得你不够坦率，欠缺潇洒。

◇要常说对方的姓名，给人亲切感。

◇让别人多谈他们自己，这是人们最喜欢的话题，对方也会因此而喜欢你。

◇学会尊重别人，同情别人的困境，使别人不要难堪。

◇不嫉妒别人，显示你有宽阔的胸怀。

◇会调侃自己是对自己有信心的表现。

◇平常多运动，使你精神饱满、头脑灵活。

◇你还要相信自己一定会成功，这样不会甘心一辈子只当个小角色。

◇你要知道,实话也会伤人,所以说实话也要讲究技巧。

◇信守诺言,坚决不能言而无信。前提是许诺要慎重,不轻易放弃原则。

◇有自己的见解,若人云亦云,别人不会认为你很真诚。

## 四个细节打造成熟稳重的形象

你要显得充满信心。

你要诚恳地对待别人。

不要让人觉得你正处在紧张的状态中。

你要注意细节修饰。

◇平等待人，无论是谁都要给予尊重，如果你对上级低头哈腰，对下属却摆出一副冷面孔，人家会怎么看你？

◇不要装模作样，这很容易被人看穿。

◇以本色示人，不要怕承认缺点，敢于面对自己的弱点，这样才能赢得别人的信赖。

◇要克服紧张情绪。首先要弄清自己在什么场合容易紧张，如走进正在开会的房间，站在上司面前等，你可以有意识地多到这种场合去，习以为常就见怪不怪了。

如果要克服紧张时的习惯动作，先要知道自己的习惯动作是什么。习惯动作都是无意识的，是不知不觉中做出来的，所以必须留意才能察觉。要弄清在什么情况下容易出现这种动作，然后再有意识地克服这种习惯性动作。克服自己的习惯性动作要有毅力，别指望长期养成的习惯一朝一夕就可以改掉。

◇为了使自己看起来更加成熟稳重，你还必须注意服装配饰等细节问题。如果你穿一套笔挺的西装，里边却露出一截很脏的衣领，对方一定不会感到舒服。袜子也是一样，你坐着与人谈话时，脚会不自觉地伸出去或翘上来，袜子就会暴露在人前，如果不干净、不整洁也会让人反感。

◇头发、牙齿、胡子也是应该经常修饰的部分。头发一定不要过长，否则就容易乱、容易脏。按时理发，使自己的发型看上去容光焕发。胡子经常刮，牙齿经常刷，口中不要有异味，尤其在出去谈事时一定不要吃有异味的食物。这样认真对待自己的外表，也是你对他人的一种尊重。

如果你与对方谈判或请对方为你办某件事情的时候，你衣衫不整、头发蓬乱，对方就会感到不舒服，瞧不起你。对于自己的细节要时时注意，因为这些细节蕴含着丰富的内容。比如，像公文包、钢笔、笔记本、名片夹、手表、打火机等最好都要讲究一些。

## 适当转移话题，调动对方的谈兴

适当转移话题，调动对方的谈兴，也是求人办事过程中常用的一种方法。比如，有些事通过直言争取对方的应允已告失败，或在自己未争取之前就已经明确知道对方不肯允诺的态度，在这种情况下，就应该采取委曲隐晦、转移话题的办法。"委曲"，就是不直接出面或不直取目的，绕开对方不应允的事情，通过另外一个临时拟定的虚假目的做幌子，让对方接受自己的请求，自己的真实目的也就达到了。"隐晦"，就是掩盖自己的真实目的，以虚掩实，让对方无从察觉。表面上好像自己没有什么想法，或者让对方感到某种想法并非始于自己，而是另外一个人。这样，对方可能就不会再有戒备心和顾虑，要办的事情处在这种无戒备和无顾虑的状态中显然要顺利得多。

委曲隐晦的最大特点就是含而不露或露而不显，在具体运用时有些小窍门需要认真领悟。在运用这种技巧时，说话者首先要了解听者的心理和情感，这是说话者必须掌握的沟通技巧的基础。我们只有在了解听者的心理和情感的基础上，才能正确地选择在某个场合该讲什么，不该讲什么，哪些话题能够打动听者，能使听者产生共鸣。

人的情感是一种内心世界的东西，一般是捉摸不定、较难把握的。但是，在有些场合，人们内心的情感又经常会通过各种方式而外露。如果我们善于观察听者的一举一动，并能据此加以分析和推测，那么我们就能基本上掌握听者的心理活动和情感变化。

某中学老师悉心钻研中国古典文学，出版了一本近20万字的有关诗歌的书。该校的文学社小记者知道情况后到这位老师家里采访。他让老师介绍创作经验，那位老师面带难色，认为只是一个专题学习，谈不上什么经验。

小记者抬头望着墙上的书法作品说："老师，这墙上的隶书是您写的吧？"

老师："是的！"

小记者："那么请您谈谈隶书的特点，好吗？"

这正是老师感兴趣和愿意谈的话题，师生之间的交流逐渐变得融洽起来。

这时，小记者不失时机地说："老师，您对隶书很有研究，我们以后还要请您多加指导。不过，我们现在十分想听听您是怎样写成《中国诗歌发展史》这本书的。"此刻，老师深感盛情难却，也就只好加以介绍了。

由此可见，当某个话题引不起对方的兴趣时，要有针对、有选择地挑选新的话题，以激起对方的谈兴。比如与运动员谈心理与竞技水平的关系，同外交人员谈公共关系学，两人肯定会一拍即合，谈兴大发。

另外，换话题以后，我们要注意在适当时机将交流引入正题。因为换话题是为了给谈正题打下感情基础，而非交谈的真正目的，所以当作为铺垫的话题谈兴正浓，双方感情沟通到一定程度时，我们就要适可而止，将话锋转入正题。

因此，当你与别人的交流进入某种僵局时，你最好采取适当转移话题的办法，从另一个角度同对方谈话，以此调动对方的谈兴。在不知不觉中，你再把话题拉回来，顺利办成你想办之事。

## "理直气壮"的理由让对方更容易接受

求人办事也要名正言顺，要有个理由、有个说法、给个交代，或找个借口、做个解释。在求人的理由上做文章，实际上就是为自己求人办事寻找一个好的突破口。

求人办事总是要找一定理由的,但具体应该怎样找理由就需要多下一番功夫。以广告人为例,他们可以说个个都是找"理由"的高手,当速溶咖啡在美国首度推出时,曾有这样一段故事:生产厂家本来预测这种咖啡的"简单""方便"会大受家庭主妇的欢迎,没想到事与愿违,销售情况与预期相差较远。姑且不论味道问题,大概是因为"偷工减料"的印象太强了。因为在当时的美国,咖啡一直都是必须在家里从磨咖啡豆开始做起的饮料,只要注入热水就能冲出一大杯咖啡来,怎么看都太过简单了。

所以,厂商便从"简单""方便"的角度直接宣传,改为强调"可以有效利用节省下来的时间"的广告战略——"请把节省下来的时间,用在丈夫、孩子的身上"。这种改变形象的做法,去除了身为使用者的主妇们所谓"对省事的东西趋之若鹜"的内疚。此后,销售量年年上升。

如果你想在交际中如鱼得水,就一定要擅长"理直气壮"地求人,即在办某件事时先要找个理由作为依托。

## 激起对方同理心

人都具有同情心,即使铁石心肠的人也不例外。同情能够增强别人对你的理解,因此求人办事时不妨利用一下别人的同情心。在很多时候，用感情打动别人，激起别人的同情心，比一味滔滔不绝地讲道理会更有效果。

一位在公司被同事欺负的受害者在向公司领导告状时十分冲动，顺嘴说出一些狂言污语，使得这位领导非常反感。过了一段时间，问题迟迟不予解决。后来，此人绝望了，痛苦不堪，向领导倾诉自己内心的痛苦，反倒引起了领导的同情与重视。

**泪水能软化别人的心肠**

别哭了，我再想其他办法帮你。

凶残的鳄鱼在吞噬别的动物之前，总要流下一串串"伤心"的眼泪，这正是鳄鱼的狡诈之处。现实生活中，用以情感人的方法求人通常都比较有效。

求人办事时，要想把事情办成，必须在人之常情上下功夫，必须把自己所面临的困难说得合情合理，令人痛惜和惋惜。所以，越是给自己带来遗憾或痛苦的地方，则越要动情描述。必要的时候，还可以声泪俱下博取办事人的同情。这样，你所求之人才愿意伸出手来帮助你，同时我们也要心怀感恩。

当然，这并不是说，我们求人时都要摆出一副可怜兮兮的样子。而是说，我们在请求解决问题时，应该调动听者的同情心，使听者先从感情上与你靠近，进而产生共鸣，这就为问题的解决打下了基础。人心都是肉长的，只要你将所遇困难和你内心的痛苦如实地说出来，处理者都会动心的。

同情心可以促进人与人之间的理解，但这并不等于说对方马上就会下定帮忙的决心。因为对方要考虑多方面的情况，有时会处于犹豫之中，甚至会抱着多一事不如少一事的态度，不想过问。这时候，我们就得努力激发对方的责任感，要使对方知道，这是在他职责范围内的事，他有责任处理此事，不能推卸责任，而且他能够处理好此事。

一天，一位老妇人向正在律师事务所办公的林肯律师哭诉她的不幸遭遇。原来，她是位孤寡老人，丈夫在独立战争中为国捐躯，她只能靠抚恤金维持生活。可前不久，抚恤金出纳员勒索她，要她交一笔手续费才可以正常领取抚恤金，而这笔手续费居然高达抚恤金的一半。林肯听后十分气愤，决定免费为老妇人打官司。

法院开庭后，由于出纳员原来是口头勒索的，没有留下任何凭据，因而指责原告无中生有，形势对林肯极为不利。但他十分沉着和坚定，他眼含着泪花，回顾了英国对殖民地人民的压迫，爱国志士如何奋起反抗，如何忍饥挨饿地在冰雪中战斗，为了美国的独立而抛头颅洒热血的历史。

最后，他说："现在，一切都成为过去。1776年的英雄，早已长眠地下，可是他那衰老而又可怜的夫人，就在我们面前，希望得到我们的支持。这位老妇人从前也是位美丽的少女，曾与丈夫有过幸福的生活。不过，现在她已失去了一切，变得贫困无靠。然而，某些人还要勒索她那一点微不足道的抚恤金，这个人有良心吗？她无依无靠，不得不向我们请求保护时，试问，我们能熟视无睹吗？"

法庭里充满了哭泣声，法官的眼圈也发红了，被告的良心也被唤醒，再也不矢口否认了。法庭最后通过了保护烈士遗孀不受勒索的判决。

没有证据的官司很难打赢，然而林肯成功了。这应归功于他的情绪感染，激起了听众以及被告的同情心，达到了理智与情绪的有机统一，收到了征服人心的效果。

# 第四章
# 让他人欣然接受拒绝的心理策略

## 放缓、淡化,不伤其自尊地将其拒绝

一般人都不太好意思拒绝别人,但在很多情况下,我们为了避免多余的困扰,对一些不合理或自己不情愿的事有必要拒绝。但怎样才能既不伤害对方自尊心,又能达到拒绝的目的呢?

当对方提出请求后,不必当场拒绝,你可以说:"让我再考虑一下,明天答复你。"这样,既帮你赢得了考虑如何答复的时间,也会使对方认为你能够认真对待这个请求。

某单位一名职工找到上级要求调换岗位。领导心里明白暂时调整不了,但他没有马上回答说"不可能",而是说:"这个问题涉及好几个人,我个人决定不了。我把你的要求反映上去,让厂部讨论一下,过几天答复你,好吗?"

这样回答可让对方明白,调换岗位不是件简单的事,这其中存在着两种可能,也使对方在思想上有所准备,比当场回绝的效果要好得多。

### 通过暗示，巧妙说"不"

> 你觉得我的方案怎么样？

> 你刚才自言自语的时候我听了，感觉还不错！

通过自言自语的方式，把自己的想法和信息传递给他人，让他人自然而然地认同你的想法。

> 您累了吧，那我改天再和您谈。

通过身体动作也可以把自己拒绝的意图传递给对方。当一个人想拒绝与对方继续交谈时，可以做转动脖子、用纸巾擦眼睛、按太阳穴等漫不经心的小动作。

巧妙地学会用暗示的方法拒绝别人，让对方明白你在说"不"，不仅能达到拒绝的目的，而且不伤和气。

陈涛夫妻俩下岗后，自谋职业，利用政府的低息贷款开了一家日用品商店，两人起早贪黑把这个商店办得红红火火，收入颇丰，生活自然有了起色。陈涛的舅舅是个游手好闲的赌棍，经常把钱扔在麻将桌上。这段时间，他手气不好又输了，但是他不服气，还想捞回本钱，又苦于没钱，就把眼睛瞄准了外甥的店铺。一日，这位舅舅来到店里对陈涛说："我最近想买辆摩托车，手头尚缺5000块钱，想从你这借点儿周转一下，过段时间就还。"——他也知道用模糊语言。

陈涛了解舅舅的嗜好，借给他钱，无疑是肉包子打狗。何况店里的资金周转也需要钱，就敷衍着说："好！再过一段时间，等我先把银行到期的贷款还了，如果有余钱就给你，银行的钱可是拖不起的。"

舅舅听外甥这么说，没有办法，知趣地走了。陈涛不说不借，也不说马上就借，而是说过一段时间，等还完银行贷款后再借。这句话含多层意思：一是目前没有，所以现在不能借；二是我也不富有；三是过一段时间不是确指，到时借不借再说。舅舅听后已经很明白了，但他并没有心生怨恨，因为陈涛并没有说不借给他，只是过一段时间再说而已，给了他希望。因此，处理事情时，巧妙地一带而过比正面拒绝更有效，且不伤和气。

## 先承后转，让对方在宽慰中接受拒绝

日常生活中，我们经常会遇到这样的情况：对方提出的要求并不是不合理，但目前因条件限制无法予以满足。在这种情况下，拒绝的言辞可采用"先承后转"的形式，使其精神上得到一些宽慰，以减少因遭拒绝而产生的不愉快。

### 拒绝要先扬后抑

"你这个主意太好了，但是如果只从眼下的这些条件来看，我们还得先等等，我想咱们以后肯定有条件有能力去实施。"

"我知道你是一个体谅朋友的人，如果你对我不信任，那么你肯定不会找我办这件事，但是我实在忙不过来了，再等几天我一定帮你办。"

这真是一个好主意，只可惜由于条件还不成熟，我们不能马上采用它，等情况好了再说吧！

李刚和王静是大学同学，李刚这几年做生意虽说挣了些钱，但也有不少外债。两人毕业后一直没有来往，一天，王静突然向李刚提出借钱的请求，李刚很犯难，借吧，怕担风险，不借吧，同学一场，又不好张口。思忖再三，李刚说："你在困难时找到我，是信任我，瞧得起我，但不巧的是我刚刚买了房子，手头的积蓄都投到房子上了，你先等几天，等我过几天把账要回来，一定借给你。"

有的时候对方可能会因急于做成某件事而相求，但是你确实又没有时间或没有办法帮助他，一定要考虑到对方的实际情况和他当时的心情，一定要避免对方失望透顶或恼羞成怒，否则就会造成误会。

拒绝时，还可以从感情上先表示同情，然后再表明无能为力。先扬后抑这种方法也可以说是一种"先承后转"的方法，这也是一种不正面表述，而间接拒绝他人的方法。先用肯定的口气去支持或赞赏别人的一些想法和要求，然后再表达你目前做出拒绝的原因，这样你就不会直接地伤害对方的感情和积极性，而且还能够使对方更容易接受你的拒绝，同时也为自己留下一条退路。

## 先说让对方高兴的话题，再过渡到拒绝

对于他人的话，人们总是会表现出一些带有自身情感色彩的反应。如果先说让人高兴的话，即使马上接着说一些使人为难的话，对方也能以欣然的表情继续听下去。利用这种方法，可以拒绝一些你不太喜欢的人。

有一个乐手，被熟人邀请到某娱乐城的乐队工作。乐师嫌薪水低，打算立即拒绝。但想起以往对方对自己的照顾，他不便断然拒绝，便先说一些笑话，然后一本正经地说："如果能使娱乐城生意兴隆，即使奉献生命，在下也在所不辞。"

此时，娱乐城老板自然是一副笑脸，乐师抓住机会立刻接着说："我现在和朋友组建了一个乐队，经常给一些音乐作品做和声。另外，我还辅导了几个学生，平时也没多少空闲时间，因为我实在不敢耽误朋友和学生的前程。"乐师假装有事要处理，转身便走。老板却不知该如何挽留他，虽生悔意，但为时已晚。

面对不喜欢的对象，要出其不意地敲打他一下，以便说出合理的拒绝理由。若缺乏机会，不妨参照上例，制造机会，先使对方心情愉悦，然后趁对方缺乏心理准备，脸上仍在笑嘻嘻时，找到借口及时退出，达到拒绝的目的。

一位名叫金六郎的青年去拜访本田宗一郎，想将一块地产卖给他。本田宗一郎很认真地听金六郎讲话，并没有做出"买"或者"不买"的直接回答，而是在桌子上拿起一些类似纤维的东西给金六郎看，并说："你知道这是什么东西吗？""不知道。"金六郎回答。"这是一种新发明的材料，我想用它来做本田新款汽车的外壳。"本田宗一郎非常详细地向金六郎讲述了一遍。

本田宗一郎讲了15分钟，谈论了这种新型汽车制造材料的来历和好处，又非常诚恳地讲了他明年拟采取何种新的研发计划。这些内容使金六郎摸不着头脑，但心里却感到十分愉快。在本田宗一郎送走金六郎时，才顺便说了一句，他不想买那块地。

如果本田宗一郎一开始就将自己的想法告诉金六郎，金六郎一定会问个究竟，并想方设法劝说本田宗一郎，让他买下这块地。本田宗一郎不直接言明的理由正是如此，他不想与金六郎为此争辩什么，不想陷入不必要的麻烦之中。

## 巧踢"回旋球"，利用对方的话来拒绝他

拒绝不一定非要表明自己的意思，许多时候，利用对方的话来拒绝他，是更聪明的选择。只要合理地从对方的话语里引出一个合乎逻辑的相同问题，巧踢"回旋球"，就能让对方"哑巴吃黄连——有苦说不出"。

小李从朋友那里借了一架照相机，他一边走一边摆弄着，这时刚好小赵迎面走来了。他也知道小赵有个毛病：见了熟人有好玩的东西，非得借过去玩几天不可。这次看到他手中的照相机又得非借不可。尽管小李百般说明情况，小赵依然不肯放过。

小李灵机一动，故作姿态地说："好吧，我可以借给你，不过我要你保证，不能借给别人，你做得到吗？"小赵

一听，正合自己的意思。他连忙说："当然，当然。我一定不会借给别人。""绝不失信？"小李又追问了一句。"绝不失信！失信还能叫人吗？"

小李斩钉截铁地说："我也不能失信，因为我也答应过别人，这个照相机绝不外借。"听到这，小赵目瞪口呆，这件事也就只能这样算了。

### 巧妙地利用对方的话来拒绝他

一名A国军人想问B国军人一个有关军事机密的问题。

如果我给你看，你能保守这个秘密吗？

能把你们国家最近的军事计划给我看看吗？

那我同样也能！我也同样会保守我们国家的秘密。

我能！

在交际过程中，当自己处于不利态势，为了寻找转机，强化己方的立场，也需要找借口拒绝对方。这时，如果你能灵活机智地采用对方的话来拒绝对方，就能使对方不再坚持，从而达到自己拒绝对方的目的。

许多人会产生这样的想法，难道我们在现实生活中非要拒绝别人不可吗？我们在拒绝别人时都要采用这些委婉的方法吗？这个问题问得恰到好处。在现实生活中，关于如何拒绝别人，我们还要注意以下问题：

第一，在日常生活中，我们应该真诚地对待朋友和同学，积极地帮助他们。每个人都应该明白一个简单的道理："平时肯帮人，拒人才不难"，这些拒绝的方法主要应用于那些的确违背我们意愿的事情。

第二，如果是由于自己能力有限或客观原因，我们应该坦诚相对，说明自己的实际情况，同时积极帮对方想办法。

第三，对于某些情况，直接说"不"的效果更好，特别是对于那些违法乱纪的事情，必须要用坚决的态度来拒绝。对于那些可能引起误解的事情，也应该明确表明自己的态度，否则会"当断不断，反受其乱"。

第四，即使我们掌握了一些比较好的方法，在一般的拒绝中，我们也应该语气委婉，最好还能面带微笑。这样既达到自己拒绝他人的目的，又消除了由于拒绝给对方带来的尴尬和不快。

## 适当自嘲，降低对方期望值顺势将其拒绝

用自我贬低的方法或者在玩笑的氛围中拒绝他人，不仅维护了对方的面子，也使自己全身而退。比如，朋友想邀你

一起去玩电游，你可以说："我们都是好朋友了，说出来不怕你们笑话，我学了几年一直玩得不像样，你们看了都会觉得扫兴，为了不影响你们的兴致，我还是不去为好。"

又比如，在同学聚会的时候，你确实不会喝酒，你可以说："我是爸妈的乖儿子，在家里面又没有什么地位，要是喝了酒，那回去后肯定会被我爸狠狠训一顿，甚至还会被我妈关在家里不让出门，你们就饶了我吧。"同时，你还可以说一些其他的事例进行说明，或者找一些比较好的借口来增强这种自我贬低的效果。

在贬低自己的策略中，"装疯卖傻法"是一种特殊形式，即"表示自己无能为力，不愿做不想做的事"，也就是向对方暗示说："我办不到！所以不想做！"根据心理学调查发现，很多人都有在日常生活中故意装傻的经历。例如，在上班族中，有20%的人曾对上司装过傻，14%的人对同事装过傻。虽然这样会导致评价降低，但令人惊讶的是，仍有一成以上的人自己主动选择使用了这个办法。

上班族会用到"装疯卖傻法"的场合有以下三种：

**第一，遇上不愿做不想做的事**。例如，让你做一些打杂般的工作、很浪费时间的工作、单调的工作等。遇到以上这种情形，便有不少人会用"我不会呀"或"我不太擅长这方面的工作"等理由，把不想做的事巧妙地推掉。

**第二，拒绝他人的请求**。当别人找上你，希望你能帮助他时，你很难直接说"不"！因此便可以用"我很想帮你，可是我自己也没有那个能力"来婉转拒绝。拒绝别人这种事，很难直接以"我不愿意"来拒绝，而且这可能会让对方心生不满。因此，若是以能力有限为理由，也就是以自己无法控制的原因来拒绝（想帮你，可是帮不了）的话，拒绝起来便容易多了。

**第三，降低自己的期望值。** 一个人若能得到他人的高度期待，固然值得高兴，但压力也会随之而来。因为万一失败，让别人满怀期待的人，所带给其他人的愿望落空感也会更大。因此，借由表现出自己的无能，来降低别人的期望值，万一事情没有办好，自己的压力也不会太大；相反地，如果你成功了，反而会得到预期之外的肯定。

### 找个人替你说"不"，不伤大家感情

> 我也非常喜欢你的邮票，但我妈不同意我换。

> 跟你换一张好吗？

有时为了拒绝别人，可以假装请出一个"后台老板"，表示能起决定性作用的不是本人，这样既不伤害朋友的感情，又可以让对方体谅你的难处。

所以，如果难以开口的话，不妨找一个人替你说"不"，这样所有的责任都可以推得一干二净，别人也不会对你有所抱怨。

上篇　巧用策略，赢得认同支持

"装疯卖傻法"有以下两种使用技巧：

**一是表明自己无能为力**。就像上图中所说，这招便是表明"我没有能力做那件事，因此我不愿意做"的一种方法。根据工作的内容，"无能为力"的内容也有所不同。如别人要求你处理电脑文件资料时，你可以说："我用不好电脑，光一页字我就要打一个小时，而且说不定还会把重要的资料弄丢！"别人要求你做账簿时，你可以说："我最怕计算了，看到数字我就头痛！"这种技巧一般用于与自己平日业务无关的事情上。

不过，如果你所表明的"无能为力"的理由不具真实性，那可就行不通了。例如，刚才使用电脑的例子，如果是在电脑公司，你说这种话谁能相信呢？后面那个例子，如果发生在银行，也会显得很虚伪。平常愈少接触到的工作，说这种话时，所获得的可信度也就愈大。

**二是将线索指向他人**。这招是接着"表示无能为力"的用法之后，以"我办不到，你去拜托某某比较好"的说法，将帮忙的线索指向他人。"我对电脑不熟悉，不过小王对电脑很熟，你去拜托他看看怎么样？""我对计算工作最头疼了，小芸应该做得挺好！"

像这样搬出一位在这方面能力比自己强的人，然后要对方去寻求他的帮助就行了。不只是能力不足的情况，像下面这个例子中的场合也适用这个方法。

"我如果要做这件事，恐怕要花掉不少时间。小范好像说他今天工作任务不怎么多！"不过需要注意一点，只有在大家都知道那个人的确比较胜任时，我们才能用这招。这个办法有一个问题就是，可能会给别人增加一些额外的工作。使用这个办法时，我们要确保求你办事的人和线索导向的第三人都是诚恳靠谱的同事，你是出于热情助人、提高效率的本意，才将线索导向了第三人。另外，最好在多数人都知道"某某事情是某某最擅长的"情况下才用此招。

# 中篇 洞悉人性,沟通自然顺畅

# 第一章
# 洞悉人性，拿捏分寸

## 对方再谦虚，也不要过分表现自我

在与人交往的过程中，我们总能遇到一些谦虚有礼的人。他们总是客套地说："如有不周之处，还请多多指教""请多提宝贵意见""很多方面还不完善，需要向您多多学习……"事实上，虽然说我们要想得到别人的认可，就得善于表现自我，但是如果表现过分反而会让别人反感，周围反感你的人多了，就会让你寸步难行。因此，适当地低调一些，适度地隐藏自己的实力是明智之举。

柳萍刚下岗，她好不容易恳求理发店老板同意她留下来工作，她觉得应该主动找事做。于是，她每天赶在大家上班之前，就把地擦干净，把所有的理发器具也擦得一尘不染。

柳萍没想到的是，自己的"过分表现"却引起了别人的不快。原先负责打扫卫生的女孩，虽然表面跟柳萍客客气气，常说"我有做得不好的地方，还请多多批评"一类谦虚的客套话，背地里却老跟柳萍过不去，总到老板那里打小报告。幸好后来有一个机会，才使两人消除了误会，柳萍这才意识到自己无意中把别人的"工作"给抢了。

无独有偶，还有一个事例与之类似。

## 职场新人要低调

对于新人，上司对他的工作表现一般都会比较宽容。其实上司是在通过一些小事来观察新人的为人、品性、工作态度等。

都是领导指导得好，我其实没干什么。

小伙子刚来就做得不错啊！

这个工作交给我吧！

让他完成的话，会打乱我们原来的工作链条！

作为上司，他们并不希望新人的到来一下子打破原有的平衡，就算他们有计划用新人来替代原来的员工，也希望能平稳过渡。

我也要提几点意见！

新人就这么张扬，真不知道自己几斤几两了！

很多刚走出校门的毕业生都不明白这一点，充满大干一番事业的豪情壮志。其实，新人高调张扬的表现反而容易弄巧成拙。

王伟是某大型企业综合办公室的主任,对下属非常和蔼,总喜欢说"有什么意见,大家尽管提"。不过,谈起新人在单位急于表现的话题,他却摇头叹气。他举例说,有一年招了一个中文系毕业生,人是很用功,但那股劲儿总是使不到点子上。

某毕业生来上班的第三天,看见王伟桌子上有一份领导发言稿,他觉得文章结构不够合理,于是也没请示王伟就自己把稿子拿回去改了很多内容。改完以后,还直接把稿子交到了领导手里。

那篇稿子的初稿是王伟写的,已经给领导看过了,并根据领导的意思做了修改,文章的结构也是领导惯用的。开会时,领导读起稿子来很不顺,与自己习惯的风格相去甚远,影响了会议效果。会后,领导对王伟大发雷霆。

事后,王伟把那位毕业生叫到办公室,可他不但不觉得自己做错了事,还辩解说自己是为领导好。经过这件事以后,办公室的同事都有点儿讨厌他。

无论是谁,到了一个新的工作环境,总希望尽快展现自己的才华,以求得到别人的了解与肯定。急于显露自己的能力,这是很多新人的通病,也是人之常情。但与他人打交道,要做一个内敛含蓄的人,在刚开始相互接触或接手某些事情的时候,应该学会低调,适当地隐藏自己的实力,对方再怎么谦虚，也不应该过分表现自己。这样才能尽快融入新环境，工作起来得心应手。

**你可以保守他的秘密，但莫让他保守你的秘密**

在人际交往中，许多人，尤其是年轻人，常常把自己的秘密毫无保留地告诉别人。甚至有的人如果没把自己的心事完全告诉询问的人，心中就会不安，认为自己没有以诚待人，感到对不起人家，认为别人对自己很好或很重要，不告诉人家自己的秘密是错的。很显然，这些人在如何对待自己的秘密和如何以诚相待这些问题上，对所谓的"知无不言，言无不尽"存在一种错误的认知。

在生活中，人与人之间需要交流，需要友情，但谁都不

**不能轻易泄密**

这是我的隐私，为什么要和你说？

把你这个秘密和我说说吧！

既然秘密是自己的，无论如何也不能随意对别人讲。在保护一份神秘感的同时，也能保护自己，不因"祸从口出"而受害。

这些隐私就是一个人的核心利益，别人不知道你最在意的方面，也就无从伤害你。

中篇　洞悉人性，沟通自然顺畅

愿与一个从不袒露自己的内心世界、对任何问题都不明确表态的人交往。然而，对于坦诚有一个正确的理解是十分必要的，所谓坦诚并不意味着别人要把内心世界的一切都暴露给你，也不意味着你要把内心世界的一切都暴露给别人。每个人都有秘密，这是正常的，也是必要的。

例如，一次小李把自己最重要的秘密告诉了小张，同时再三叮嘱："这件事我只告诉你一个人，千万别对别人说。"然而一转脸，小张便把小李的秘密添枝加叶地告诉了别人，让小李在众人面前很难堪。这种违背诺言的行为有时出于恶意，有时可能就是没有保守秘密的习惯。

当然了，能否保守秘密也与一个人的品质修养有关。有的人透明度太高，这种人不但不能为别人保守秘密，就连自己的秘密也保守不住。有的人泄露别人的秘密，不是为了伤害别人，而是为了抬高自己："咱们单位的事，没有我不知道的""我要是想知道某件事，我就一定能打听出来……"这种人经常这样炫耀自己，他们认为，知道别人的秘密越多，自己的位置就越高。用泄露别人秘密的方法伤害别人、娱乐自己，甚至把掌握的秘密当作要挟别人的把柄，当作自己获得大家关注的阶梯，这种人在我们周围并不少见，对这种人最应该提高警惕。

再回到前面的例子，像小李那样让他人为自己保守秘密，远比自己保守秘密难得多。因此，不到万不得已的时候，不要与他人分享自己的秘密，要学会自己的秘密自己保守。因为你的秘密一旦进入别有用心的人的耳中，它就会成为关键时刻别人攻击你的武器，使你在竞争中处于被动的局面，甚至因此而失利。

许军是某公司的业务员，在厦门工作已经有三年的时间了，因为他工作认真、勤于思考、业绩良好，被公司确定为中层后备干部候选人。总经理找他谈话时，他表示一定加倍努力，不辜负领导的厚望。但他无意间透露了一个本应只属于自己的秘密而被竞争对手利用，遭到排挤，最终没被重用。

原来，许军和同事王广林私交甚好，常在一起喝酒聊天。一个周末，他备了一些酒菜约了王广林在宿舍里共饮。二人酒越喝越多，话越说越多。微醉的许军向王广林说了一件他对任何人也没有说过的事。

"我高中毕业后没考上大学，有一段时间闲着没事干，心情特别不好。有一次和几个哥们喝了些酒，回家时看见路边停着一辆摩托车，一见四周无人，一个朋友撬开锁，让我把车给开走了。后来，那个朋友盗窃时被逮住，被扭送到派出所，供出了我。结果我被判了刑。出狱后我后悔极了，决心改过自新，但四处找工作，处处没人要。没办法，经朋友介绍我才来到厦门。不管咋说，现在咱得珍惜，得在公司好好干。"

谁知道，没过两天，公司人事部突然宣布王广林为业务部副经理，许军调出业务部另行安排工作岗位。事后，许军才从人事部了解到是王广林从中捣鬼。原来，在候选人名单确定后，王广林来到总经理办公室，向总经理说了许军曾被判刑坐牢的事。不难想象，一个曾经犯过法的人，老板肯定要重新考察。

知道真相后，许军虽又气又恨又无奈，但只得接受事实，去了一个不怎么重要的部门上班。

## 以诚动人，抓住他人心

人与人之间交流时，如果想要说服对方认同你的观点，靠的是以诚服人、以情服人、以理服人、以德服人，这是感情、知识和心智的力量使然。情感的力量是情感方面的认知和共鸣，知识的力量能使人们信服观点的论证过程，心智的力量则能使人们接受辩手本身，并进而在有意无意中相信和支持你的论证与反驳。

正如一位诗人所言："动人心者，莫过于情。"抓住了对方的心，与对方交谈也就成功了一半。

如果为人真诚，说话之前先有了真诚的心，那么即使是"笨嘴拙舌"也没有什么关系。有太多的事例能够证明这个说法，在与人交流时表达真诚要比单纯追求流畅和精彩更重要。

　　1915年，小洛克菲勒还是科罗拉多州一个不起眼的人物。当时，发生了美国工业史上最激烈的罢工，并且持续达两年之久。愤怒的矿工要求科罗拉多燃料钢铁公司提高薪水，小洛克菲勒正负责管理这家公司。由于群情激愤，公司的财产遭受破坏，政府派警察前来镇压，因而造成流血事件，不少罢工工人受伤。

**真情，重在自然流露**

我只是随便逛逛。

那您随便看，不过您真的很有眼光，我家衣服的设计风格很符合您的气质呢。

真情，重在自然流露，在乎本性天成，不能仅仅作为一种交流方法或者策略。

真诚待人，展现人格魅力，这也是沟通的必然基础，它是某些人的特质。

一个真诚的人，一个具有人格魅力的人，即使不能口吐莲花，也可以让一个能言善辩的人哑口无言。

　　那种情况下，可说是民怨沸腾。小洛克菲勒后来却赢得了罢工者的信服，他是怎么做到的呢？原来小洛克菲勒花了好几个星期结交朋友，并向工人代表们发表了一次充满真情的演说。那次演说可谓卓有成效，不但平息了众怒，还为他赢得了不少赞誉。演说的内容是这样的：

"这是我一生当中最值得纪念的日子，因为这是我第一次有幸能和这家大公司的员工代表们见面，还包括公司行政人员和管理人员。我可以告诉你们，我很高兴站在这里，有生之年都不会忘记这次聚会。假如这次聚会提早两个星期举行，那么对你们来说，我只是个陌生人，我也只认得少数几张面孔。

"上个星期以来，我有机会拜访整个公司南区矿场的生产区和生活区，私下和大部分代表交谈过，我拜访过你们的家庭，与你们的家人见过面，因而现在我不算是陌生人，甚至可以说是朋友了。基于这份互助的友谊，我很高兴有这个机会和大家讨论我们的共同利益。由于这个会议是资方和劳工代表共同召开，承蒙你们的好意，我得以坐在这里。虽然我并非股东或劳工，但我深觉与你们关系密切。从某种意义上说，我能够同时代表资方和劳工。"

……

这样一番充满真诚的话语，是化敌为友的最佳途径。假如小洛克菲勒采用另一种方法，与矿工们争得面红耳赤，用不堪入耳的话辱骂他们，或用话暗示错在他们，用各种理由证明矿工的错误，那结果只能是招惹更多怨恨和对立。

真诚就像一颗种子，你细心维护它，有一天它就会结出让你惊喜的果实。你真挚对待他人，他人也会真挚地对待你。需要注意的是，我们不能把付出真情当作某种本小利大的低风险投资，使别人觉得你的"真情"只是一种交易的筹码，而算计的权利全在你的手中。

## 展现自信的风采，给对方一颗定心丸

不知道你是否注意到一个现象：无论是去应聘，还是平时与他人交往，自信的人总是比唯唯诺诺的人更受欢迎。这是为什么呢？

很简单，自信是人生重要的心理状态和精神支柱，是一个人前进的内在动力，是自我成功的必需法宝；自信能够使弱者变强，使强者更强。我们只有相信自己，才能激发进取的勇气，才能挖掘自身的潜力，才能在成功的道路上健步如飞。所以，在他人面前展现出你自信的风采，无疑是给对方一颗定心丸，让对方觉得你是有能力、有实力的。

一个下着小雨的中午，车厢里的乘客稀稀拉拉的，车停在一个不起眼的小站，上来了一对残疾的父子。中年男子是个盲人，而他不到十岁的儿子也只有一只眼睛勉强能看到东西。父亲在小男孩的牵引下，一步一步地摸索着走到车厢中央。当车子继续缓缓往前开时，小男孩开口说："各位先生、女士，你们好，我的名字叫麦蒂，下面我唱几首歌给大家听。"接着，小男孩用电子琴自弹自唱起来，电子琴音质很一般，但孩子的歌声却有天然童音的甜美。

正如人们所预料的那样，唱完了几首歌曲之后，男孩走到车厢头，开始"行乞"。但他手里既没有托着盘子，也没有直接把手伸到你前面，只是走到你的身边，叫一声"先生"或"女士"，然后默默地站在那儿。乘客们都知道他的意思，但每一个人都装出不明白的样子，或者装睡，或者干脆扭头看车窗外面。

当小男孩双手空空地走到车厢尾部时，一位中年妇女尖声大喊起来："真不知怎么搞的，纽约的乞丐这么多，连车上都有！"

这一下，几乎所有人的目光都集中到这对残疾的父子俩身上，没想到，小男孩竟表现出与年龄不相称的冷静，他一字一顿地说："女士，你说错了，我们不是乞丐，我们是在卖唱。"车厢里所有淡漠的目光刹那间都生动起来，有人带头鼓起了掌。然后，大家向小男伸出了援助之手。

一个没有生存能力的孩子，顽强不屈地承受着生命给予他的考验。在有人悲叹自己命运不济的时候，小男孩却用自己的成熟和坚强支撑着一家人的生活，用自己的劳动、自己的歌声为家里赢得收入。面对别人的嘲笑，他毫无自卑之感，自信坦

### 相信"我能做到"时,自然就会想出"如何去做"

我能做到!

我怎么才能做到呢?

成功不一定站在智慧的一方,但一定会站在自信的一方。

相信自己,就会拥有自己的成就与幸福。如果你真的相信自己,并且深信自己一定能实现梦想,你就一定会成功。

然地面对。面对这个小男孩,所有的自卑都变成了逃避人生的借口,只要坚持相信自己,掌声一定属于自己。

一般来说,我们既可以通过用语言来表达自信,也可以通过身体姿态等来表现自信。对于语言,你可以在陈述问题时表现得更加诚恳一些,要简单明了,有重点;与人交流时可以多使用"我认为""我宣布"等词汇;对某件事有异议时,多提出建设性的意见,而不是责骂或假设"应该如何",想提出改进意见时不用劝告的语气;以清晰、稳重、坚定的语调表达自己的思想;可以通过主动询问的方式去发现别人的思想或情感等。对于身体动作,在与他人当面交流的时候,多以赞赏的眼光与对方接触;坐、立姿态坚定挺拔;以开朗的表情反馈别人的评论;以平静的语气强调重点词汇,心中没有犹豫等。

自信是一生的修炼,是一个人热爱自己并不断完善的过程。

也许你并没有意识到：在大部分时间、大多数事物中，不是别人限制你，而是你埋没了自己！

## 率先化干戈为玉帛，敌对的他也会成为朋友

人生漫漫，我们总是会遇到形形色色的人。有时，一次竞争，一个分歧，甚至一句玩笑，都有可能令我们多一个"敌人"。常言道："多个朋友多条路，多个敌人多堵墙。"树敌的行为对我们个人的发展是非常不利的。

然而，时光不会倒流，世界上也没有后悔药，一旦我们被对方放在对立面，就已既成事实。很多人都想知道，我们有没有化解他人敌意的好办法呢？想要化敌为友，你必须学会率先迈出第一步。

在苏伯比亚小镇，有两个叫乔治和吉姆的邻居。虽然他们住得非常邻近，但他们的关系一点都不和睦，谁都不喜欢对方。日常生活里，他们相遇时总会发生口角。即使夏天在后院开除草机除草时，车轮碰在一起，他们多数情况下也不会跟对方打招呼。

一年夏末，乔治和妻子外出度假两周。由于两家一向彼此充满敌意，吉姆和妻子一开始并未注意到乔治夫妇不在家。没错，注意他们干什么？除了口角之外，两家相互间几

乎就没什么话可说。

突然有一天傍晚，吉姆在自家院子除过草后，发现乔治家的草已经很高了，与自家刚刚除过草的草坪形成鲜明对比。对附近过往的人来说，都会发现满院高草的这家主人显然不在家，而且离开很久了。吉姆想，这不是等于公开告诉那些别有用心的人吗？这个想法如同闪电一样抓住了吉姆。当吉姆再一次看到乔治家那高高的草坪，尽管心里非常不愿意去帮助那个他非常不喜欢的人，但第二天早晨，他还是把那块长疯了的草坪打理好了！

几天之后的一个周日下午，乔治和妻子回到了家。他们愕然地发现，自己不在家时竟然有好心人帮他们把草坪收拾得如此干净、整齐。他们很想知道这位好心的朋友是谁，于是就到整个街区的每一家询问。然而，他们却没有走进吉姆家。

可除了吉姆家，所有被询问的邻居都说不是自己做的。最后，乔治敲响了吉姆家的门。吉姆开门时，乔治站在那儿不停地盯着他，脸上露出奇怪和不解的表情。

过了很久，乔治终于说话了："吉姆，你帮我除草了？"这是他很久以来第一次这样称呼吉姆的名字。"我问了所有的人，他们都说没有。杰克说是你干的，是真的吗？是你做的吗？"尽管乔治的语气似乎有些不解，但他内心的感谢之情已在不经意间流露出来。

"是的，乔治，是我除的。"吉姆答道。他以为乔治会因为自己主动除草而大发雷霆。可乔治犹豫了片刻，像是在考虑要说什么，最终用他那低得几乎听不见的声音嘟囔了一句"谢谢"之后，就非常羞愧地转身走开了。

能够主动帮与自己对立的人做一些力所能及的事，这几乎是常人意料之外的。不过，这种帮助所带来的结果往往也是常人意料之外的。

吉姆的主动帮忙打破了他与乔治之间的敌意和沉默。尽管后来他们还没发展到在一起打高尔夫球或保龄球的程度，他们的妻子也没有为了互相借点糖或是闲聊而频繁走动，但他们的关系已经改善了。至少在街上偶遇的时候他们相互间有了笑容，还会经常说一声"你好"。也许没多久，他们就会像亲密的朋友一样相处。

所以，当你与他人发生矛盾时，一定要学会主动示好。这是一种智慧的选择，可以帮你把眼前的那堵墙，变成一条畅通的路。

## 充分交流，才能获得更多信息

只要你稍微留心，便会发现：无论在职场，还是在生活中，那些总能赢得他人喜欢的人，往往是精明、内敛的倾听

## 人们更在意自己的想法

聆听也是一种尊重的最佳表现形式，表示聆听者看重说话者。

聆听等于是在说："你的想法、行为与信念对我都很重要。"

请记住：跟你谈话的人对他自己、他的需求和他的问题，比他对你和你的问题，更感兴趣千百倍。

当你下次跟别人交谈的时候，千万别忘了这一点，尤其是在想获得对方信任的情况下。

者，而不是滔滔不绝、夸夸其谈的诉说者。为什么呢？道理很简单，能说的不如会听的，尽量让对方多说，你才能获得更多信息。

老张被邀请参加一个桥牌爱好者聚会。老张不玩桥牌，在场的一位女士也不玩。两人简单寒暄后，女士发现老张爱旅行，经常去欧洲，因此她说："啊，张先生，你能把所有你去过的那些美妙的地方，以及你所见过的那些美丽景色，全部告诉我吗？"

坐在沙发上，女士说她和丈夫最近刚从非洲旅行回来。"非洲！"老张惊叹着说，"多有意思啊！我一直想去非洲看一看，但除了有一次在阿尔及利亚待了24个小时以外，我从没去过别的地方。告诉我，你是否看过那个动物大迁徙？真的，我多羡慕你，请把非洲的情况告诉我。"

接下来，那位女士滔滔不绝地告诉老张自己到过的地方，那里多么有趣……45分钟就这样过去了，她没能从老张口中得到丝毫关于欧洲的信息，反而非常开心地把自己所知道的关于非洲的信息都告诉了老张。

不难发现，在这次交谈中，老张以一个"饶有兴趣的听众"的身份，赢得了女士的喜欢，所以她非常开心地将自己所知道的非洲旅游信息全部告诉了老张。这也告诉我们，如果你会听，很多时候要比能说更讨人喜欢。

也许你会问为什么？这个问题的理由至少可以举出两个：第一，只有凭借聆听，你才能学习更多知识；第二，很多人只对认真听他说话的人有好感。

你也许想不到，想了解别人的想法，最好的办法就是听听他的意见，让他自己说出你想了解的事情。

# 第二章
# 以心交心，互惠互利

## 如果能被对方需要，你也会变得重要

事物都有其存在的特定价值：货币因流通的需要而存在，食物因饥饿的需要而存在，火因寒冷的需要而存在……人虽然与其他事物不尽相同，但却同样有被需要的情感诉求，就像父母被子女需要、情侣被对方需要一样。

真正聪明的人愿意被人们需要，而不是让人们感激。因为如果你能被他人需要，你就会在他人心中变得重要。有礼貌的需求心理比世俗的感谢更有价值，因为有所求，便能铭记不忘，而感谢之词最终将在时间的流逝中归于平淡。

1847年，俾斯麦成为普鲁士国会议员，他在国会中没有可信赖的朋友。让人意外的是，他与当时没有任何权势的国王腓特烈·威廉四世结盟，这与人们的猜测大相径庭。腓特烈·威廉四世虽然身为国王，但个性软弱，总想明哲保身，经常对国会里的自由派让步。这种缺乏骨气的人，正是俾斯麦在政治上所不屑的。俾斯麦的选择让人费解，当其他议员攻击国王诸多愚昧的举措时，只有俾斯麦支持他。

1851年，俾斯麦的付出得到了回报：腓特烈·威廉四世任命他为内阁大臣。他并没有满足于现状，仍然不断努力，请求国王增强军队实力，以强硬的态度对待自由派。他鼓励国王保持自尊，积极行使手中的权利，同时慢慢恢复王权，使君主专制再度成为普鲁士最强大的力量。国王也完全依照俾斯麦的意愿行事。

1861年，腓特烈·威廉四世逝世，他的弟弟威廉继承王位。然而，新国王很讨厌俾斯麦，并不想让他留在身边。

威廉与腓特烈同样遭受自由派议员的攻击，他们想剥夺他的权力。年轻的国王感觉无力承担国家的责任，开始考虑退位。这时候，俾斯麦再次出现了，他坚决支持新国王，鼓动他采取坚定而果断的行动对待反对者，采用高压手段将自由派人士斩尽杀绝。

尽管威廉讨厌俾斯麦，但是他明白自己更需要俾斯麦，因为只有俾斯麦的帮助才能帮自己解决统治危机。于是，他任命俾斯麦为宰相。虽然两个人在政策上有分歧，但这并不会影响国王对他的重用。每当俾斯麦威胁要辞去宰相之职时，国王从自身利益考虑，便会做出让步。俾斯麦聪明地攀上了权力的最高峰，他身为国王的左右手，不仅牢牢地掌握了自己的命运，同时也掌控着国家的权力。

作为一名强者，俾斯麦认为站在强势一方是愚蠢的行为，因为强势一方已经很强大，根本不在乎你的存在，也可以说根本不需要你；而与弱势一方结盟则更为明智，可以让别人因为需要你而依附你，让自己成为他们的主宰力量。他们不敢离开你，否则将会给自己带来危机，他们的地位会受到威胁，甚至崩溃。俾斯麦就是看准了这一点，才趁机进入德国政坛的核心，成就了辉煌的一生。

## 被人需要，你才重要

罗曼·罗兰曾说过："只要还有能力帮助别人，就没有权利袖手旁观。"没错，永远不要吝惜对别人的帮助，在帮助别人的同时，你也正在帮助你自己，你将从中不断收获幸福和快乐。只有对方需要你，才会显示出你是重要的。

有些时候，我们在帮助别人的同时，还能体现自己的价值，收获到意外的惊喜。

是不满意薪水吗？这个可以商量。现在公司好多项目真的离不开你！

让自己变得重要会使你的人生之路更加平坦，也可以令你有更大的发展。而实现这一点最好的方法，就是让别人依赖你、需要你，一旦离开了你，他的计划就无法进行，他的生活就难以继续。在这样的相互关系中，只需一个小小的举动，就能带来无数的感激。需要能带来感激，感激却未必能产生需要。

正如卡耐基所言："别指望别人感激你。因为忘记感谢乃是人的天性，如果你一直期望别人感恩，多半是自寻烦恼。"你的价值因别人的需要而存在，被人需要胜过被人感激，与其让对方感激你，不如让别人需要你。

## 让合作者生活得更好，你也能更好地生活

高尔基曾说："你的钟声只有在齐鸣时才能听见，在单独鸣响时——只会淹没在那些旧钟的一片响声里。"事实上，这句话在生物界同样适用。

在广袤的欧洲大陆上，生活着一种异常美丽的动物，名叫蓝蝶。由于它的外形非常炫目，人们通常把它们称作会飞的花朵。然而在几十年前，蓝蝶的翩翩身影在暖春的晴空里消失了。

道格拉斯·麦其逊是一个专门研究蝶类的昆虫学家，对这些会飞的花朵"凋谢"之谜做了广泛而深入的研究，最后得出的结论让人非常吃惊。麦其逊发现，蓝蝶的消失竟然与两种蚂蚁的灭绝息息相关。

原来，蓝蝶是在一些酸性植物上产卵繁殖的，必须通过两种小蚂蚁的帮助才能顺利进行。蓝蝶幼虫的腹部会分泌一种挥发性物质，对于蚂蚁来说是极具诱惑性的香甜美食。闻到这一特殊的香味，蚂蚁就会爬到蓝蝶幼虫的腹部旁边尽情享用。

## 激起合作者的"心理共鸣"

在导入阶段,让对方能体会到你现在的心情。

> 妈妈,你觉得这只小鸟幸福吗?

> 被关在笼子里当然不幸福了!

> 妈妈,其实您每天不让我出去玩,我就像这只小鸟一样!

在转接阶段,巧妙地通过一些语言把话题转到自己身上。

> 妈妈,您每天让我出去玩一会吧!

> 好吧!

在正题阶段,寻找适当时机,提出自己的建议和想法。

而蚂蚁并不会白吃。当蚂蚁在草地上发现蓝蝶卵时,马上来照顾这些幼小的生命,生怕被其他昆虫掠去。蓝蝶的幼虫是吃树叶的,每吃完一片树叶,很多工蚁就把它抬到另一片新树叶上,让它吃个饱。蚂蚁与蓝蝶的这种互惠互利关系,经历了漫长岁月的考验。由于接受了工蚁的照顾,经受过刺激的蓝蝶幼虫的表皮,生长得比其他蝴蝶幼虫的表皮要厚大约60倍,可有效防止蚂蚁那强有力的上颚咬穿幼虫的表皮。天气转冷时，工蚁就把它们搬进自己温暖舒适的蚁穴里，蚂蚁在吸食蓝蝶幼虫分泌的"蜜露"时，甚至会把自己的幼虫作为食物奉献给这位"贵宾"。

刚从茧蛹中钻出的蓝蝶也不必担心受到蚂蚁的攻击，因为新生蓝蝶的体表附着一层细小的鳞屑，就像滑石粉一样保护着蓝蝶。进攻的蚂蚁只会踉踉跄跄地在空中乱抓一气，而在这时候，蓝蝶伸展翅膀，自由自在地飞走了。

可是几十年前，贪婪的人类为了自私的目的，无情地侵占了这两种蚂蚁的生存空间。他们用推土机无情地把它们的栖息地毁灭了，小蚂蚁从此灭绝了。没有了相依为命的小蚂蚁，蓝蝶也就花殒香消。

无独有偶，在风景如画的美国加利福尼亚，年轻的海洋生物学家布兰姆做了一个十分重要的观察实验。

有一天，布兰姆潜入深海以后，看到了一个奇异的场面：一条银灰色的大鱼离开鱼群，向一条金黄色的小鱼快速游去。布兰姆以为，这条小鱼在劫难逃了。然而，大鱼并没有恶狠狠地向小鱼扑去，而是停在小鱼面前，平静地张开了鱼鳍，一动也不动。那条小鱼见了，毫不犹豫地迎上前去，紧贴着大鱼的身体，用尖嘴东啄啄西啄啄，好像在吮吸什么似的。最后，它竟将半截身子钻入大鱼的鳃盖中。几分钟以后，它们分开了，小鱼潜入海草丛中，大鱼轻松地去追赶自己的同伴。在这以后的数月里，布兰姆进行了一系列的跟踪观察和研究，他多次见到这种情景。看来，现象并不是偶然的。经过一番仔细地观察，布兰姆认为，小鱼是海里的"大夫"，它是在为大鱼"治病"。

"鱼大夫"身长只有三四厘米，这种小鱼色彩艳丽，游动时就像一条飘动的彩带，因而当地人称它彩女鱼。"鱼大夫"喜欢在珊瑚礁中或海草丛生的地方游来游去，那是它们开设的流动医院。栖息在珊瑚礁中的各种鱼，一见到彩女鱼就会游过去，把它团团围住。有一次，布兰姆发现，几百条鱼围住了一条彩女鱼。这条彩女鱼时而拱向这一条，时而拱向那一条，用尖嘴在它们身上啄食着什么东西。而这些大鱼怡然自得地摆出了各种姿势，有的头朝上，有的头向下，有的侧身横躺，甚至腹部朝天。这多像个大病房啊！

布兰姆把这条彩女鱼捉住，剖开它的胃，发现里面装满了各种寄生虫、小鱼以及腐烂的鱼皮。这真是一种奇妙的合作："鱼大夫"用尖嘴为大鱼清除伤口的坏死组织，啄掉鱼鳞、鱼鳍和鱼鳃上的寄生虫，这些脏东西成了鱼大夫的美味佳肴。这种合作对双方都有好处，生物学上将这种现象称为共生。

在大海中，类似彩女鱼那样的"鱼大夫"共有45种，它们都有尖而长的嘴巴和鲜艳的色彩。这些"鱼大夫"的工作效率十分惊人。有人在巴哈马群岛附近发现，那里有一种"鱼大夫"，在六个小时里竟接待了300多条病鱼。前来求医的大多是雄鱼，这是因为雄鱼好斗，受伤的机会较多；同时雄鱼比雌鱼爱清洁，除去脏东西后，它们便会容光焕发，容易得到雌鱼的垂青。有趣的是，小小的彩女鱼在与凶猛的大鱼打交道时，不但没受到欺侮，还会得到保护呢！布兰姆对几百条凶猛的鱼进行了观察，在它们的胃里都没有发现彩女鱼。然而，他却多次看到，这些小鱼进入大鲈鱼张开的口中，去啄食里面的寄生虫。一旦敌人来临，大鲈鱼自身难保时，它便先吐出彩女鱼，不让自己的朋友遭殃，然后逃之夭夭，或冲上前去对付敌人。

不难看出，在动物界，互相合作和帮助，会使付出努力的双方均受益，大家也因此都能更好地生存和生活。其实，人类作为自然界的一员，同样需要相互合作。

## 不报复对方，也是在为自己开路

人与人之间，只要矛盾还没有发展到你死我活的地步，总是可以化解的。记住中国那句老话，"冤家宜解不宜结"。相识就是缘分，还是少结冤家为好。

东汉时有个叫苏不韦的，他的父亲苏谦曾做过司隶校尉。李皓由于和苏谦有过结，怀着个人私愤把苏谦判了死

## 化干戈为玉帛，给自己留条后路

然而，时光不会倒流，世界上也没有后悔药，一旦与别人走向了对立，就已既成事实。很多人都想知道，那我们有没有化解他人敌意的好办法呢？

与其说是方法，不如说是观念。想要化敌为友，你必须学会率先迈出第一步。

对不起啊，昨天是我态度不好，你别介意啊。

没事啦，我也有不对的地方，你多包涵。

当你与他人发生矛盾时，一定要学会主动示好。这种智慧的选择，可以帮你把眼前的那堵墙变成以后畅通的路。

刑，当时苏不韦只有18岁。他把父亲的灵柩送回家，草草下葬，又把母亲隐匿在武都山，自己改名换姓，用家财招募刺客，准备刺杀李皓。但事不凑巧，没有办成。很久以后，李皓升迁为大司农。

苏不韦和人暗中在大司农官署的北墙下开始挖洞，夜里挖，白天躲藏起来。干了一个多月，终于把洞挖到了李皓的寝室下。一天，苏不韦和其他刺客从李皓的床底下冲出来，不巧李皓上厕所去了，于是他们杀了他的小儿子和妾，留下一封信离去了。李皓回屋后大吃一惊，吓得在室内布置了许多荆棘，晚上也不敢安睡。苏不韦知道李皓已有准备，杀死

中 篇　洞悉人性，沟通自然顺畅　　83

他已不可能，就挖了李家的坟，取了李皓父亲的头拿到集市上去示众。李皓听说此事后，心如刀绞，心里又气又恨，又不敢说什么，没过多久就吐血而死。

李皓因为一点私人恩怨，就置人于死地，而苏不韦一生之中只为报仇，竭心尽力。李皓不忍小仇，结果招致老婆孩子被杀，死了的父亲也跟着受辱，自己最终气愤而死，被天下人笑话，实在是太愚蠢了。

正所谓"得饶人处且饶人"，在人际交往中，最好想办法化敌为友。这样人生之路会走得平坦许多、顺畅许多，而且还可能会有意外的收获。

非常之人必有非常之量。原谅与你敌对的人可以带来很大好处，但是原谅与你敌对的人并不是一件容易的事。一方面，我们很难克制自己的仇视心理；另一方面，在操作上很难做到恰到好处——带着鄙视、不屑的心理予以原谅，反而会引发新的仇恨。

人在世界上，有一个敌人不算少，有一百个朋友不算多。带着尊重的心理原谅别人，收缴他人心中的"锐器"。让别人对自己有所依赖，或者让自己对别人有所帮助。这样，朋友会越来越多，而敌人会越来越少。

古希腊哲学家毕达哥拉斯说："要这样生活——使你的朋友不致成为仇人，而使你的仇人却成为你的朋友。"放开眼界，收起对立和报复的心态，以一种宽容大度的方式对待周围的人，即便不能全部使其成为朋友，也能避免使其站到自己的对立面。

## 告诉他"你很重要"，回报定比预期多

许多事业上卓有成就的人成功的原因是，他们懂得用人之法。而其中最重要的一点，也即最有效的一点就是让别人感到自己很重要。因为每个人都想获得来自他人的尊重，得到别人的重视，那我们就不妨满足他这个需要。

西奥多·罗斯福是一位懂得使别人感到自己很重要的人。去过牡蛎湾拜访过罗斯福的人，无不为他那博大精深的学识所折服。不管对方从事多么重要或卑微的工作，也不管对方有着怎样显赫或平凡的家世，罗斯福和他们的谈话总是能进行得非常顺利。

也许你会感到十分疑惑，其实不难回答，每当他要会见某人时，他都会利用前一天晚上的时间仔细研读对方的个人资料，以充分了解对方的兴趣所在，从而让对方感觉自己被重视了。这样精心准备怎能不使会面皆大欢喜呢？

罗斯福身为美国总统尚且如此，我们凡人为何不肯承认

别人的重要？所以，要使他人真心地尊敬和喜欢你，乐意为你做事，要把对方感兴趣之事当话题，让他感觉到自己的重要。在满足别人的重要感之后，很多事情都迎刃而解了。

在什么时候才能让对方感受到他的重要性？答案是随时随地都可以。譬如，你在饭店点的是鱼香肉丝，可服务员端来的却是回锅肉，你就说："太麻烦您了，我点的是鱼香肉丝。"她一定会回答："不，不麻烦，是我们疏忽了。"而且会愉快地把你点的菜端来，因为你已经表现出对她的尊重和重视。

### 重视"你很重要"的作用

> 谢谢您的体谅，下次我一定更加努力，争取成功。

> 虽然这次失败了，但是你的实力有目共睹，下次继续努力吧。

相信他，对他表示信赖，并在适当的场合给他一些取胜的机会，让他体会到自己的重要性，把自己的自信心建立起来。

一些客气的话实际上表达了你对别人的重视，"谢谢你""请问""麻烦你"诸如此类的话语，可以很容易就让对方感到他被尊重、被重视。很多人，尤其是有一些管理职权的人，极易产生一种高高在上之感，极易用一种俯视的心态去面对他人，仿佛他人只是自己实现理想的阶梯，而忽略了其身为人对于自尊的需求。用真诚的心去肯定别人，会拉近心与心之间的距离，形成良好的人际关系。

在通常情况下，人们内心所想的东西，即使不用嘴说出来，不用笔写出来，也会被对方觉察体会出来。假如你对他人有厌恶之情，尽管你没有说出来，但是由于这种心理的支配，你多少会表露出一些语言或行为，被对方捕捉住，或被对方察觉出来，不久，他对你也会产生坏印象。这跟照镜子是一样的道理，你对它皱眉头，它也对你皱眉头，你对它微笑，它也还你一张同样的笑脸。同样地，如果我们怀着一颗真诚的心去肯定对方，对方也会同样从内心感激你，用心回报你，直至将你所交代的事情做到完美为止。

## 平时多帮人，急时有人帮

英雄落难、壮士潦倒，都是常见的事，只要一朝风云际会，他们仍会一飞冲天、一鸣惊人。在那些落难英雄有困难的时候，该出手时就出手，千万别犹豫，这样在你需要人帮助时，更多的人才会全力助你走出困境。

当然，对他们的帮助要落在实处，不要停留在口头上。而且这种帮助也是需要技巧的，也就是说，当你想帮助某个人的时候，要注意方法，要思考如何帮助他，才能使他真正受益。如果不注意这一点，你常常会事倍功半，甚至会适得其反。一位盲人在大街上着急地用导盲杖敲着地面，意思是在说他不知道该怎么走了。好心的你走上去想帮助他，告诉他左边是北，右边是南，他其实仍然分不清楚，他需要的是你拉着他的手，带着他走一段路。

林玲是一家医疗器械公司的销售代表，有一次，她准备去某国际医院拜访一位科室主任张某。临走时，同事马姐向她透露了一个最新情报："张主任被免职了，现在王某才是主任，你不用向张某推荐咱们的产品。"林玲十分感谢马姐，但真的直接去找新主任吗？这样做似乎对张主任有点落井下石。

在过去一段时间的接触中，林玲知道张主任是他们医院的技术骨干，曾经荣获某跨国医疗集团"杰出青年专家"的称号。但他性格狂傲暴躁，据说半年前曾经因为一件小事当面与院长吵得不可开交，平常又总是太刚正，肯定会得罪一些人，他会遇到挫折是大家意料中的事。林玲为他感到惋惜，毕竟他是一位十分优秀的医生，这一点，病人和家属的交口称赞就是最好的证明。林玲想，反正拜访新主任是迟早的事，这次还是应该先见见张主任，于是她带着准备好的资料来到医院。

张主任正在办公室"闭门思过",林玲的到来令他感到有点意外。很明显,张主任的心情很差,他生硬地说:"以后直接去找王主任谈医疗器械采购的事,我已经不是主任了。"林玲微笑着递上资料,说:"新主任我以后会去拜访,不过这并不妨碍我拜访您啊,您是我们公司的老朋友了,我就是来拜访老朋友的呀。"

张主任愣了一下,似乎有些感动,态度也客气了许多,马上给林玲写了王主任的名字和办公室门牌号,说以后有什么问题找王主任也可以解决。林玲知趣地告辞了:"那您先忙吧,我下次再来拜访您。"张主任苦笑着说:"还忙啥呀?主任也不当了,没什么可忙的了!"林玲转回身来,问道:"您怎么会这么说呢?"张主任显然牢骚满腹,一时还不适应职务调整,站在办公桌后茫然四顾地说:"不当主任了,有什么可忙的?"林玲把自己的想法说了出来:"不当主任了,您还有自己的专业啊,您照样是杰出青年专家啊!现在,您可以有更多的时间研究医术了。要是都像您这么想,那我们这些大学毕业了却不能从事本专业工作的人又该怎么办啊?"

张主任惊呆了,从来没人敢这样对他说话,特别是一个他从未看在眼里的销售员。不过这个看上去还有几分稚气的小姑娘说得确实有道理。林玲最后说道:"其实很多时候环境是无法改变的,如果我们无法让自己完全妥协,至少我们可以决定自己面对逆境时的态度。不论在什么环境条件下,我们都应该尽自己最大的努力去发挥自己的才能,这样才不会后悔。"张主任点了点头,眼中似乎有泪光在闪动。

几个月后,张主任成为医院的首席专家。他的心态已经非常平和,因为他永远忘不了那天下午,一个普通的销售员给他上的难得的一课。而林玲也多了一个难得的朋友,在张主任的推荐和帮助下,林玲向公司提出了很多改进现有器械和开发新产品的建议,成为公司的明星员工。

我们常常说某人的成功,是因为有了贵人相助。的确,如果一个人找到了自己的贵人,可以避免很多不必要的摸索与碰撞,少走弯路,减少挫折。而那些贵人就在身边,从现在起,多注意一下你周围的朋友,若有需要你帮助的人,千万别错过了;趁自己有能力时,多结交一些积极上进的人,使他们能认同你、协助你,这样才会使你的发展之路越走越宽广。

波斯诗人萨迪曾说:"谁若想在困厄时得到援助,就应在平日待人以宽。"冷庙烧香并不是很难办的事情,有时仅仅需要随时体察一下别人的需要即可。对正在遭遇挫折的人,寸金之遇和一饭之恩,便足以使他终生铭记。

## 主动吃亏,让对方不得不还以人情

现实生活中,很多人都认为"无论做什么,尽量别吃亏"。其实,吃亏并非都是坏事。有些时候,糊涂处世,主动吃亏,山不转水转,也许以后还有合作的机会。若一个人处处不肯吃亏,处处想占便宜,妄想日生,骄心日盛,有了骄狂的态势,难免会侵害别人的利益,于是便起纷争,在四面楚歌之中,又焉有不败之理?

**吃亏是福**

你把这么好的机会让给我,你不吃亏吗?

没事,你比我更需要这个机会。

吃亏吃在明面上,才是真正的赢家。现在吃亏,是为了以后不吃亏,不计较眼前的得失是为了着眼于更大的目标。

"吃人嘴短,拿人手软",主动让别人占便宜,你就等于给了对方一份人情,那么他对你日后的请求也就不好拒绝了,甚至你无须请求,他都会主动来帮助你。

吃亏,一般是指物质上的损失,但是一个人幸福与否,却往往取决于他的心境如何。如果我们用外在的东西,换来了心灵上的平和，那无疑是获得了人生真正的幸福，这是值得的。

不少好朋友，抑或事业上的合作伙伴，由于种种原因，后来却反目成仇了，双方都搞得很不开心。有个人却不一样，他与朋友合伙做生意，几年后，一笔生意让他们将所赚的钱都赔了进去，剩下的是一些值不了多少钱的设备。他对朋友说："全归你吧，你想怎么处理就怎么处理。"留下这句话后，他就转身离开了。没有相互埋怨，显得多有风度，这叫好合好散。生意没了，人情还在。

有人问李泽楷："你父亲是不是教会你一些怎样赚钱的秘诀？"李泽楷说，对于赚钱的方法，父亲什么也没有教，只教会他一些为人处世的道理。李嘉诚曾经这样跟李泽楷说，他和别人合作，假如他拿七分利润合理，八分也可以，那么他拿六分就可以了。

李嘉诚的意思是，吃亏可以争取更多的人愿意与自己合作。想想看，虽然他只拿了六分，但现在多了一百个合作人，他现在能拿多少个六分？假如拿八分的话，一百个人会变成五个人，结果是亏是赚可想而知。李嘉诚一生与很多人进行过长期或短期的合作，分手的时候，他总是愿意自己少分一点钱。如果生意做得不理想，他就什么也不要了，自己主动吃亏，让对方赚一点。这是一种风度，是一种气量，也正是这种风度和气量，才有人乐于与他合作，他也才越做越大。

很多时候，吃亏是一种福，是智者的智慧。不管你是老板也好，还是东奔西跑的业务员也罢，你主动吃亏，对方接受了你的好意，他不仅会一心一意与你合作，跟着你干，而且还会因为心存感激，而不断寻找机会还你人情。

有一个做砂石生意的老板，没有文化，也没有背景，但生意却做得非常好，而且历经多年，长盛不衰。说起来他的秘诀也很简单，就是与每个合作者分利的时候，他只拿小头，把大头让给对方。如此一来，凡是与他合作过一次的人，都愿意与他继续合作，而且还会因为心中感激而介绍一些朋友，再扩大到朋友的朋友，也都成了他的客户。人人都说他好，因为他只拿小头，但所有人的小头集中起来，就成了最大的大头，所以他成了赢家。

# 第三章
# 将心比心，换位思考

## 想钓到鱼，就要像鱼一样思考

我们常说"以小人之心，度君子之腹"，也就是说，有些人在人际交往中习惯以己度人，习惯用自己的标准去衡量别人的行为，衡量周围的事物，并把自己的感情、意志、特性投射到其他事物上，结果不仅产生了误会还造成了失利。为何会产生这样的结果呢？因为我们过于自信，自己的思考忽略了周围事物的独特个性，限制了视野，因此很难成功。

有一位营销培训专家讲过这样一堂生动的课。他说，自己很小时随父亲一起去钓鱼，每次父亲总是满载而归，而自己却一无所获。沮丧的他向父亲请教："为什么我连一条鱼也钓不到，我钓鱼的方法不对吗？"父亲告诉他："孩子，不是你钓鱼的方法不对，而是你的想法不对，你想钓到鱼，就得像鱼那样思考。"

"像鱼那样思考"到底是什么意思呢？很多年后他才慢慢悟到，原来鱼是一种冷血动物，对水温十分敏感。所以，它们通常更喜欢待在温度较高的水域。但是，一般水温高的地方阳光也比较强烈，因为鱼没有眼睑，阳光很容易刺伤它们的眼睛，所以鱼会选择待在有草木遮荫的浅水处。浅水处水温较深水处高，而且食物也比较丰富。另外，待在浅水处还要有充分的屏障，比如茂密的水草，这样它们才更容易躲避敌人而不受外界的侵害。所以，只有你把鱼钩放在符合上述条件的地方，才能更容易钓到鱼。

这个故事告诉我们，要会换位思考，会站在对方的立场想问题才能无往而不胜。这也应了那句俗话，"要想公道，打个颠倒"，比如你在面试时，要从用人单位和主考官的角度出发，站在他们或者他们所在的单位、部门、公司的角度出发，表现为他们理想中的人才，这样才能达到成功入职的目标。美国第16任总统林肯曾说："我会用三分之一的时间来思考自己以及要说的话，花三分之二的时间来思考对方以及他会说什么话。"这就是告诉我们，无论做什么事情，要做到知己知彼，有的放矢，就必须先做到换位思考。

一个营销员想把自己的产品推销出去，想从顾客口袋里掏钱，就要站在顾客的角度思考。就像你打算让一个男士买一套化妆品，几乎是不太可能的事情，但是要他送给太太或者女朋友，结果就不一样了。以男士的心态做营销，替他想问题，这样才能有胜算。

在生活中，很多人努力工作着，却总也成功不了，其原因就在于不会换位思考。把握心理换位的策略最重要的是要了解对方，设身处地地为对方着想，想人之所想，深入体察对方的内心世界，站在对方的角度来思考你的策略，解决他的问题，也就解决了你自己的问题。

既然这样，当我们遇到事情的时候，特别是遇到困难和阻力的时候，不要做所谓的钻牛角尖的事情，这样费力又无功。世事都存在两个方面，换个角度，转换一个思路，你就有可能迈进成功的门槛。

## 让他知道你了解他、包容他，合作更容易

美国作家西奥多·德莱塞曾说："如果人们想从人生中得到更多快乐，就不能只想到自己，而应为他人着想，因为快乐来自你为别人，别人为你。"拿经营事业来说，你自己的努力与能力往往只是成功的一半，找到适合与你合作的人，你才算找到了成功的另一半。那么，怎样找到那个适合的人呢？就是要了解他、包容他，就像了解你自己、包容你自己一样。只有了解对方，才谈得上合作，也只有了解了对方，才能够在合作的过程中扬长避短，互相配合。

1983年春天，玛格丽特抵达"东南老人中心"，开始了

她从事物理治疗的独立生活。当该中心员工米莉·麦格修将玛格丽特介绍给其他工作人员时,她注意到玛格丽特盯着钢琴看的那一刹那流露出痛苦的表情。

"怎么了?"米莉问。

"没什么,"玛格丽特柔声说,"只是看到了钢琴,勾起我许多回忆。"米莉瞥向玛格丽特残障的右手,默默聆听眼前这名黑人妇女谈起她音乐生涯的辉煌过去。

"你在这里等一下,我马上回来。"米莉突然插口说。一会儿,她回来了,身后紧跟着一位身材娇小、满头白发、戴着厚重眼镜,并且使用助步器的女人。

"这位是玛格丽特。"米莉帮她们互相介绍,"这位是露丝·因柏格。"她又说道:"她也弹钢琴,她跟你一样,自从中风后,就没办法弹了。因柏格太太有健全的右手,而你有健全的左手,我有种感觉,只要你们互相合作,一定可以弹出美妙的音乐。"

"你知道肖邦降D大调的华尔兹吗?"因柏格问,玛格丽特微微点点头。于是两人并肩坐在钢琴长椅上。两只健全的手——一只手是黑色,有纤长优雅的手指;另一只手是白色,有短胖的手指——很有节奏感地在黑白键上滑动。从那天起,她们就一起坐在键盘前——玛格丽特残障的右手搭在因柏格背部,因柏格的左手搁在玛格丽特膝上。因柏格健全的右手弹主旋律,玛格丽特灵活的左手弹伴奏旋律。

她们的音乐曾在电视台、教堂、学校、康复中心、老人之家等场所给许多听众带来快乐。坐在钢琴长椅前，她们共享的东西不只是音乐。除肖邦、巴赫和贝多芬的音乐外，她们发现彼此的共通点比想象的要多得多——两人都是很好的祖母和寡妇，都失去了儿子，都有一颗无私奉献的心，但若失去了对方，她们就无法演奏美妙的音乐。两人同坐在钢琴长椅前，因柏格听见玛格丽特说："我被剥夺了音乐，但上帝却给了我因柏格。"

### 让他知道你了解他，合作更容易

> 据我了解，你们公司新研制的化妆品需要很多中草药。我们公司可以提供好的原料。

> 你对我们公司的状况挺了解的，这样合作起来才放心。

> 那么，怎样找到那个适合的人呢？就是要了解对方，就像了解你自己、包容你自己一样。

只有在了解对方的基础上，才谈得上合作关系。只有对别人有充分的了解，才能扬其长避其短，使其有信心与你共事。

建立良好的合作关系，需要了解他人、包容他人。每个人都有自己的优缺点，在与人合作的过程中，你不可能只与他人的优点合作，当与他人的缺点发生冲撞时，你唯一能做的就是包容。

关于这个道理，还有一个意义深刻的故事。

有一天，沙漠与海洋谈判。"我太干，干得连一条小溪都没有，而你却有那么多水，汇聚成汪洋一片。"沙漠建议："不如我们来个交换吧。""好啊，"海洋欣然同意，"我欢迎沙漠来填补海洋，但是我已经有沙滩了，所以只要土，不要沙。""我也欢迎海洋来滋润沙漠，"沙漠说，"可是盐太咸了，所以只要水，不要盐。"

上面的海洋与沙漠的合作有些缺乏诚意，我们想得到一种东西，也必须容忍其他一些东西也跟过来，只有这样才是双赢。

"一道篱笆三个桩，一个好汉三个帮"。一个人在社会生活中，总会有与别人携手合作的时候。而事实上，我们几乎每天都会碰到许多必须与别人合作才能完成的事情，学会与别人愉快而有效地合作，无疑将会给你的工作、生活、学习带来高效率和愉悦的心情。可以说，合作关系是人际关系的另一面镜子。

与别人合作关系差的人，其人际关系往往也很差。因此，从合作关系之中，我们可以建立良好的人际关系；从人际关系之中，我们可以巩固彼此的合作关系，这是互动的。

学会与别人合作有很多的技巧，不是说只要你有一颗真诚的心就万事大吉了。要与人合作必须了解对方，只有在了解对方的基础上，才谈得上合作关系。只有对别人有了充分的了解，才能扬其长避其短，使其有信心与你共事。

## 不揭对方伤疤，他不痛你也好过

被别人泄露心中的隐私，对任何人来说，都不是令人愉快的事。不去提及他人平日认为是隐藏或痛苦的事情，是对他人的尊重，是懂得为人处世的表现。因为你不给相处的人造成伤痛，大家才能长期愉快相处，否则你自己也不好过。

小李长得高大英俊，在大学校园内就不乏追求者。如今他是一家外资公司的高级职员，女友小丽非常漂亮。也许是为了炫耀自己的幸福，小李带着小丽去参加一个朋友聚会。

在大家天南海北闲谈的时候，外号"快嘴王"的朋友换了话题，谈起了大学校园里浪漫的爱情故事，故事的主人公自然是小李。"快嘴王"眉飞色舞地讲述小李如何吸引众多女生，又如何在花前月下与女生卿卿我我。小丽开始还觉得新奇，但越听越不是味，终于忍耐不住，拂袖而去。小李只好撇下朋友去追小丽。

"快嘴王"不是有意要让小李难堪,但他的追忆方式和内容确实使小丽难以接受,无端捅出娄子。这不仅使小李要费不少周折去挽回即将失去的爱情,而且使在场的人心里也有些不高兴,自然也会影响到他的人际关系。

在朋友聚会时,说一些愉快的事是活跃气氛的好办法,但谨言慎行很重要,千万不要揭别人的伤疤和短处,否则,你就会成为不受欢迎的人。

中国素有所谓"逆鳞"之说,即使再温和驯良的龙,也不可掉以轻心。传说中,龙的喉部之下约一尺部位的鳞是反向生长的,如果不小心触到这些逆鳞,必会被愤怒的龙所伤害。其他的部位任你如何抚摸或敲打都没关系,只有这些逆鳞无论如何也触碰不得,即使轻轻抚摸一下也犯了大忌。

无论人格多高尚、多伟大的人,身上都有"逆鳞"存在。只要我们不触及对方的"逆鳞"就不会惹祸上身。人的"逆鳞",也就是我们所说的痛处,也就是缺点、难过的往事、不为人知的隐私等,针对这一点,我们有必要事先留心,明白对方在意的事情,以免有所冒犯。

谁都明白,受伤的疮疤不能揭,因为越揭越容易发炎,甚至会使伤口扩大。触人痛处,犹如揭人疮疤,就是犯了人与人相处的大忌,得罪了别人,自己也捞不到什么好处。

## 站在对方立场说话,他才容易听你的话

很多人习惯将自己的想法或意见强加给别人,总觉得这样才是解决问题的最好方式。有时虽然你的出发点是好的,是为了帮助别人解决某些问题,但是没有站在对方的立场上想过,这样是否合适?

当我们和别人商谈事情时,我们不应该先自我确定标准和结论,应该先站在对方的立场上仔细想一想,询问对方对这件事情的看法和他认为应该如何解决这个问题,而不是直

**说话多给对方"深有同感"的感受,更能打动其心**

一是"共鸣",即对同一事物或同类事物具有相似的态度及相似的内心体验。

我觉得这套方案是可行的,你觉得呢?

我也觉得挺好的!

那我们就按这套方案进行!这次一定要获得成功!

我们一起努力!

二是"振荡",即由于"共鸣"而使双方情绪相互影响,以致达到一种比较强烈的程度。

前者是找到共同语言,后者是掏出心来,心心相印。

接讲一番大道理来逼迫对方接受你的观点，这样反而更容易让对方听你的话。

很多时候，站在对方的立场上考虑问题，你会发现，你跟他有了共同语言，他的所思所想、所喜所恶，都变得可以理解甚至觉得有可取之处。在各种交往中，只要你站在对方的立场思考问题，你就可以从容应对各种情况，要么伸出理解的援手，要么可以防范对方的恶招。许多人不懂得如何站在对方立场上思考和说话，这是导致很多事情进行不顺利的一大原因。

你若能站在他人的立场上说话，能给他人一种为他着想的感觉，这种技巧常常会使你的话具有极强的说服力。要做到这一点，知己知彼十分重要，唯有先知彼，而后方能从对方立场上考虑问题。成功的人际交往技巧，有赖于发现对方的真实需要，并且在实现自我目标的同时给对方指出一条可行的共赢之路。

某精密机械工厂生产了某种新产品，将其部分零件委托另外一家小型加工厂制造。当该小型工厂将零件的半成品送到机械工厂时，不料全都不符合要求。由于新产品上市迫在眉睫，机械工厂产品负责人让加工厂尽快返工，但加工厂负责人认为他是完全按机械工厂的规格制造的，不想再返工，双方僵持了几天。这时机械工厂厂长在问明原委后，对加工厂负责人说:"我想这件事完全是由于我们公司方面设计不周所致,而且还令你吃了亏,实在抱歉。今天幸好有你们帮忙,才让我们发现了新产品的缺点。只是事到如今,产品总是要上市的,你们不妨将它制造得更完美一点,这样对你我双方都是有好处的。"加工厂负责人听完,欣然应允。

也许你会质疑:"站在对方的立场上说来容易,实际要做的时候也那么容易吗?"没错,站在对方立场上说话确实不容易,却不是不可能。许多口才不错的人都能做到这一点,因为若不如此去做,沟通成功的希望就会变小。会沟通的人,善于从他人的角度来设想,并且乐此不疲。然而,他们也并非一开始就能做得很好,而是从一次次的沟通过程中吸收经验、汲取教训,不断培养这种习惯,最后才达到这种境界的。

**诙谐对待他人的错误,他过得去你也过得去**

不知道你是否发现,很多时候大度诙谐比横眉冷对更有助于问题的解决。对他人的小过以诙谐的方法对待,实际上就是一种宽容待人的态度。

20世纪50年代,台湾地区的许多商人知道于右任是著名的书法家，于是他们纷纷在自己的公司、店铺、饭店门口挂起了署名于右任的招牌，以提升店铺档次。其中确为于右任所题的极少，半真半假的居多，完全假的也有所见。

一天，于右任的一个学生急匆匆地来见老师，说："老师，我今天中午去一家平时常去的羊肉泡馍馆吃饭，想不到他们居然也挂起了以您的名义题写的招牌。青天白日，明目张胆地欺世盗名，您老说可气不可气！"正在练习书法的于右任"哦"了一声，放下毛笔然后缓缓地问："他们那块招牌上的字写得好不好？"

"好个啥子哟！"学生叫苦道，"也不知道他们在哪儿随便找了个书生写的，字写得歪歪斜斜，难看死了。下面还签上老师您的大名，连我看着都觉得害臊！"

"这可不行！"于右任沉思道。

"我去把那块招牌摘下来！"学生说完，转身要走，但被于右任喊住了。"慢着，你等等。"于右任顺手从书案旁拿过一张宣纸，提起毛笔，"刷刷刷"在纸上写下些什么，然后交给恭候在一旁的学生，说："你去把这幅字交给店铺老板。"

学生接过宣纸一看，不由得呆住了。只见纸上写着笔墨流畅、龙飞凤舞的几个大字——"羊肉泡馍馆"，落款处则是"于右任题"几个小字，并盖了一方私章。整个书法作品，可称漂亮至极。

"老师，您这……"学生大惑不解。

"哈哈！"于右任抚着长髯笑道："你刚才不是说，那块假招牌的字实在是惨不忍睹吗？我不能砸了自己的招牌，坏了自己的名声！所以，帮忙帮到底，还是麻烦你跑一趟，把那块假的给换下来，如何？"

"啊，我明白了，学生遵命。"转怒为喜的学生拿着于右任的题字匆匆去了。这家羊肉泡馍馆的店主竟以一块假招牌换来了于右任的真墨宝，喜出望外之余，未免有惭愧之意。

## 糊涂有理

不是懦弱，在没有真正对错的时候不妨就装装糊涂，争吵就避免了。

为什么每次你老婆发脾气的时候你都那么懦弱？

在很多事情上，糊涂一点，包容一些，不但自己过得去，别人也会过得去，产生矛盾的基础不复存在，矛盾自然就化解了。

有时候看似糊涂的做法，以诙谐大度对待他人的错，不仅是让别人过得去，往往也是让自己过得去。

# 第四章
# 知晓方圆，精明处事

## 绕一些圈子，让表达更委婉

我们中国人说话都比较含蓄，就像国画的意境一样，喜欢留下让人思考的空间。在表述一些比较敏感棘手的问题时，我们可以委婉一些，不直接说破，绕一些圈子，不至于让听者进退两难。

汉元帝上台后，将学者贡禹请到朝廷，征求他对国家大事的意见。这时朝廷最大的问题是外戚与宦官专权，正直的大臣难以在朝廷立足，对这些问题，贡禹不置一词，他自知势单力孤，不愿得罪那些权势人物。贡禹只给皇帝提了一条，即请皇帝注意节俭，将宫中众多宫女放掉一批，再少养一点马。其实，汉元帝本来就很节俭，在贡禹提意见之前已经将许多节俭的措施付诸实施了，其中就包括裁减宫中多余人员及减少御马，贡禹只不过将皇帝已经做过的事情再重复一遍，汉元帝自然乐于接受。于是，汉元帝获得了纳谏的美名，而贡禹也达到了给皇帝提出一些中肯意见的目的。

《资治通鉴》的作者司马光对贡禹的这种做法很不以为然，他批评说："忠臣服侍君主，应该要求他去解决国家所面临的最困难的问题，其他较容易的问题也就迎刃而解了。应该补救他的缺点，他的优点不用说也会得到发挥。当汉元帝继位之初，向贡禹征求意见时，他应当先急国家之所急，其他问题可以先放一放。就当时的形势而言，皇帝优柔寡断，谗佞之徒专权，是国家亟待解决的大问题，对此贡禹一字不提。恭谨节俭，是汉元帝的一贯心愿，贡禹却说个没没了，这算什么？如果贡禹不了解国家的问题，他算不上什么贤者，如果知而不言，罪过就更大了。"

站在历史发展的角度看，司马光对贡禹的点评是比较中肯的，也符合当时明君忠臣的价值观。不过，从贡禹所处的时代来看，贡禹向汉元帝进言，劝其减少后宫侍从，并做出表率，让诸侯百官和富绅效仿，使大量人口回归农业生产，有利于增加人口和发展生产。另外，他让汉元帝倡行节俭，减少赋税，也有利于汉朝休养生息。这些政策能够施行，都得益于贡禹从小的容易解决的问题开始，而没有直接向宦官外戚"开炮"。

明朝隆庆年间，给事中李乐清正廉洁。有一次，他发现科考舞弊，立即写奏章给皇帝，皇帝对此事不予理睬。他

## 绕个圈子，掩饰自己的目的

又面奏，结果把皇帝惹火了。隆庆帝以故意揭短的罪名，传旨在李乐的嘴巴上贴上封条，并规定谁也不准去揭。封了嘴巴，不能进食，等于给他定了死罪。这时，旁边站出一个官员，走到李乐面前，不分青红皂白，大声责骂："君前多言，罪有应得！"一边大骂，一边用力打了李乐两记耳光，当即把封条打破了。由于他是帮助皇帝责骂李乐，皇帝当然不好怪罪。其实此人是李乐的学生，在这关键时刻，他假装迎合皇帝的意思，巧妙地救下了老师。如果他不顾情势，冒死直谏，非但救不了老师，自己怕也难脱连累。

这个方法的使用真是巧妙至极。李乐不懂得人与人之

中篇 洞悉人性，沟通自然顺畅

间留有余地的道理，非要把皇帝当时不愿说的问题点破，比自己的学生还差了一大截。如果你针锋相对地进行争执和批驳，对方很难从内心真正接受，还可能使自己惹祸上身。因此，在表达和行事方式上学会一些委婉，效果会好一些。

## 未出头时，要能而有度

表现欲太强，容易招人妒忌；处处出头，容易招惹闲话。但做人做事又不能太过于软弱，显得太无能也会危及自己的职场发展。特别是在个人力量没有达到强大之时，把握能而有度的方圆之道，实在很关键。

帝王在选择太子时心理是很矛盾的。太子文弱一点吧，怕将来继位后缺乏驾驭百官的能力；太子贤明一点吧，又怕众望所归会危及自己。宋太宗赵光义看到自己的太子颇得人心，曾酸溜溜地说："人心都归向太子，欲置我于何地？"皇帝既有这种心态，太子委实难处。不能不得人心，也不能太得人心；不能太不及父皇，也不能胜过父皇，这中间的尺寸确实是很难把握的。

隋炀帝杨广的儿子杨柬就因为把握不好这个度，与隋炀帝产生隔阂。造成他们父子失和的原因主要有两件事。

## 张弛有度,不轻易暴露"野心"

> 才当个部门经理有什么牛的,等我当了总经理,有你好看的!

> 你如果真的有职场发展的长远规划,千万要谨慎,切莫外露。将自己的发展规划隐藏起来,否则,你可能会因此带来麻烦。

> 聪明的人绝不会轻易暴露自己的心灵底牌,将自己的成功欲包裹起来,使自己看起来"糊涂"点,在目标尚未实现之前,绝不会让人看出自己的发展规划。

第一件事是为了一个美女。有一次,乐平公主(隋炀帝的姐姐)告诉隋炀帝,有个女子十分漂亮,但不知为什么隋炀帝听后无所表示。过了一段时间,乐平公主以为隋炀帝对此人不感兴趣,就把她推荐给了太子杨柬。杨柬马上把她纳入后宫。后来隋炀帝忽然记起这事,问乐平公主:"你上次说过的那个美人现在在哪呢?"乐平公主回答:"已经被太子收用。"

这件事本身不能怪杨柬,他不可能每看上一个美女都先请示一下父皇。乐平公主是这件事的始作俑者,按理说隋炀帝问起,她完全可以将事情经过和盘托出。但这样一来,有可能引起隋炀帝对她的不满。所以,当隋炀帝再度问起这件事,她意识到自己捅了娄子,只好含糊地说一句"已经被太子收用",似乎与自己无关。

第二件事是因为打猎。隋炀帝去狩猎,命令杨柬率领一队侍从参加。狩猎的结果是杨柬猎获颇丰,隋炀帝却一无所得。隋炀帝龙颜大怒,认为自己在众人面前丢了面子。隋炀帝斥责左右侍从,左右侍从害怕他迁怒,推说是猎物被杨柬手下一伙人阻挡,所以打不到了。隋炀帝因此开始猜忌杨柬,认为他是为了想出风头,于是处处寻找杨柬的不是。

"欲加之罪,何患无辞",何况太子本非圣人,结果太子的身份也就无法保留了。隋炀帝父子间从此结怨,直到后来宇文化及起来谋反,派人分别去囚禁、杀害隋炀帝父子时,隋炀帝还认为是杨柬派人来抓自己的,而杨柬也认为是隋炀帝派人来杀自己的,父子至死不能消除误会。


中庸之道,无处不在。皇子要当上太子,继承皇位,也要深谙此道。过于软弱,力不服众,难以驾驭天下;过于贤明,众望所归,又危及皇帝的地位,使其产生戒心。因此,面对那至高无上的权力,太子只得隐忍自己,做到能而有度。其实,我们在人际交际中又何尝不是如此呢?

## 如果对方很刚硬，你可运用柔的策略

人到老年时，柔软的舌头尚在，但坚硬的牙齿却脱落了，这是为什么呢？因为柔软的东西往往比刚强的事物更有生命力！

商容是殷商末年商纣王的大臣，因屡次直谏纣王，结果遭到贬谪。后来纣王剖比干，囚箕子，逐微子，商容深感心寒，便躲进深山之中，避世隐居，不问世事。

武王灭商后，天下大定。周室表彰商容，想召他出山，被商容婉言谢绝。他遗世独立，静心养性，修得一副道骨仙颜，虽然已经年过古稀，仍然精神矍铄，面色如童。

据民间传说，商容后来收老子为徒，传授他天地玄机，处事妙道，所以老子后来成为一代名家。这些传说与史实有些出入，因为商容生活的年代与老子差了几百年，不可能成为师徒，但是这些传说中渗透的道理却值得我们借鉴。

在其中一个传说中，商容得了重病，自知将不久于人世。老子匆匆赶来问候老师，他先询问了老师的病情，然后对老师说："先生的病确实很重了，有什么重要的教导要嘱咐弟子吗？"

商容说："乘车经过故乡的时候要下车，知道这是为什么吗？"

## 以柔克刚

宇宙间的一切生命本体，很难说有大、小、弱、强之分，任何事物都在变化中运行，没有绝对的胜者和败者。

直白地讲，以柔克刚只是耐心、信心、恒心、毅力的比较。在这些方面，谁占上风，谁就是真正的胜利者。

> 爸爸你看，这块石头上有个洞。

以柔克刚在很多方面都能体现：感情方面可以柔如密友的倾诉、情侣的幽怨，让对方的心湖荡起层层涟漪；服务之柔，柔如春日的细雨、冬日的暖阳，让对方的感觉非常良好；文化之柔，柔如轻音乐的演奏、抒情诗的朗诵，让对方的精神得以升华。

老子说："过故乡而下车，大概是表示自己不会忘记故乡吧？"

商容说："对了！那么，经过高大的古树时，要快速地走过，知道这是为什么吗？"

老子说："经过高大的古树要快速地走过，这大概是说要尊敬德高望重的长者吧？"

商容说:"是啊!"然后张开嘴给老子看,问:"我的舌头在吗?"

老子说:"在。"

商容又问:"我的牙齿还在吗?"

老子说:"不在了。"

商容问:"你知道这是什么道理吗?"

老子说:"舌存而齿亡,这是不是说刚强的东西已经消亡了,而柔弱的东西还存在?"

商容说:"说得好!天下的事理正是这样。弱而胜强,柔而克刚,世上无人不知,然而无人能行。你明白了吗?"

老子说:"先生说得太好了!天下之至柔,驰骋天下之至坚,确实是万世不易的定理。强大的东西处于劣势,柔弱的东西居于上风。积弱可以为强,积柔也就变成刚。欲刚必以柔守之,欲强必以弱保之。"

商容面露欣慰的笑容,说:"你已经悟道了。天下之理都已被你说尽了,我没有什么能留给你了!"

以柔克刚,以弱胜强,是道家守柔主静的动静观,这里面包含着朴素的辩证法。

## 无论对方是什么人，一定要记住"过犹不及"

有一次，孔子的弟子子贡在跟孔子谈论师兄弟们的性格及优劣时，忽然向孔子提了个问题："先生，子张与子夏两个人的性格，哪个更好一些呢？"

子张是孙师，子夏是卜商，两人都是孔子的得意弟子。孔子想了一会儿，说："子张过头了，子夏没有达到标准。"

子贡接着说："是不是子张要好一些呢？"

孔子说："过头了就像没有达到标准一样，都是没有掌握好分寸的表现。"这就是"过犹不及"的出处。

有一次，孔子带领弟子在鲁桓公的庙堂里参观，看到一个特别容易倾斜翻倒的器物。孔子围着它转了好几圈，左看看，右看看，还用手摸摸、转动转动，却始终拿不准它究竟是干什么用的。于是，就问守庙的人："这是什么器物？"

守庙的人回答说："这大概是放在祖先座位右边的器物。"孔子恍然大悟地说："我听说过这种器物。它什么也不装时就倾斜，装物适中就端端正正的，装满了就翻倒。君王把它当作自己最好的警示物，所以总放在座位旁边。"

孔子忙回头对弟子说："把水倒进去，试验一下。"子路赶忙去取水，慢慢地往里倒。倒一点儿水，它是倾斜的；倒了适量的水，它就端正直立；接着装满水，松开手后，它就翻倒了,水都洒了出来。

孔子慨叹说:"哎呀!我明白了,哪有装满了却不倒的东西呢!"子路走上前去,说:"请问先生,有保持满而不倒的办法吗?"孔子说道:"聪明睿智,用愚笨来调节;功盖天下,用退让来调节;威猛无比,用怯弱来调节;富甲四海,用谦恭来调节。这就是损抑过分,以达到适中状态的方法。"

## 过犹不及

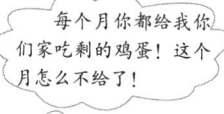

每个月你都给我你们家吃剩的鸡蛋!这个月怎么不给了!

这个月没有多余的鸡蛋了。

施恩不可以过分,因为过分地施舍是不能永远持续下去的,一旦中断施舍就会有怨恨产生。

每天闺蜜都会给我打电话,今天怎么没打?是不是我们的感情淡了!

交情不可以过于密切,因为密切的交往是很难保持永久不变的,一旦稍微懈怠,就让人有了疏远冷淡的嫌疑。

任何事情都要讲究一个"度",无论对方是何类人,一定记住"过犹不及"。

子路听得连连点头，接着问道："古时候的帝王除了在座位旁边放置这种器物警示自己外，还采取什么措施来防止自己的行为过火呢？"

孔子侃侃而谈道："上天生了老百姓又定下他们的国君，让他治理老百姓，不让他们失去天性。有了国君又为他设置辅佐，让辅佐的人教导、保护他，不让他做事过分。因此，天子有公，诸侯有卿，卿设置侧室之官，大夫有副手，士人有朋友，平民、工、商，乃至干杂役的皂隶、放牛马的牧童，都有亲近的人，来相互辅佐。有功劳就奖赏，有错误就纠正，有患难就救援，有过失就更改。自天子以下，人各有父兄子弟，来观察、补救他的得失。太史记载史册，乐师写作诗歌，乐工诵读箴谏，大夫规劝开导，士传话，平民提建议，商人在市场上议论，各种工匠呈献技艺。各种身份的人用不同的方式进行劝谏，从而使国君不至于骑在老百姓头上任意妄为，放纵他的邪恶。"

子路问："先生，您能不能举出具体的君主来？"

孔子回答道："好啊，卫武公就是个典型人物。他九十五岁时还下令，'从卿以下的各级官吏，只要是拿着国家的俸禄、正在官位上的，就不要认为我昏庸老朽就丢开我不管，一定要不断地训诫、开导我。我乘车时，护卫在旁边的警卫人员应规劝我；我在朝堂上时，应让我看前代的典章制度；我伏案工作时，应设置座右铭来提醒我；我在寝宫休息时，左右侍从应告诫我；我处理政务时，应有瞽、史之类的人开导我；我闲居无事时，应让我听听百工的讽谏'。他时常用这些话来警策自己，使自己的言行不走极端。"

众弟子听罢，一个个面露喜悦之色。他们从孔子的话中明白了一个道理：在任何情况下，人们都要调节自己，使自己的一言一行合乎标准和规矩。

中庸，在孔子和整个儒家学派里，既是很高深的学问，又是很高的修养。追求恰到好处、适可而止，这是做人处事的一种境界，也是一种哲学观念。比如吃饭，餐餐最好吃到恰到好处，不要因饭菜不好而饿肚子，也不要因饭菜好而把肚皮撑得鼓鼓的，适可而止，就永远保持健康的胃口。

需要说明的是，孔子讲的中庸，绝不是无谓的折中、调和或没有立场，而是指为人处世应该慎重选择一种角度、一种智慧，找到处理事情的最好方法。有些人认为孔子讲的中庸就是不讲原则，那是对中庸思想的误解，其本质是过犹不及、适可而止，这也正是我们游刃于人际之间的一条重要法则。

## 辉煌时转身，保命亦留名

春光虽好，但总有尽时。人生也是如此，每个人都会遇到坦途与困境，也就是我们常说的"人无千日好，花无百日红"。在古代社会,卸磨杀驴、鸟尽弓藏,似乎成了统治者默认的一条潜规则。身处社会中的我们,也要学会洞察其中的利害,在树大招风之前急流勇退,才能保护自己。

功成身退的思想,对今天的许多人来讲已经不太灵验。它会使人失去积极的进取心,从而满足于现状,当一天和尚撞一天钟,这是其糟粕之处。事实上,这里提出的功成身退是一种退守策略,是指一个人能把握住机会向后退,这是一种做人的智慧。

越王勾践平定吴国后,引兵北上,与齐国、晋国会盟徐州,并且得到周平王的封赏,一时号称霸王。

范蠡虽然是越国的上将军,辅佐越王勾践二十余年,对勾践的雪耻复国屡建奇功,为越王坐上霸主之位立下了汗马功劳,可是他仍然心事重重。

一天,大夫文种问他:"眼下越国威震天下,号称霸王,你我官至上卿,功名盖世,为何闷闷不乐?"范蠡苦笑着说:"俗语道,'飞鸟尽,良弓藏;狡兔死,走狗烹'。盛名之下,难于久居;人不知止,其祸必生。我们的大王,可与共患难,难与同安乐,这样的君主岂能轻信?我已决定离开勾践,你也该想想出路了。"

大夫文种对范蠡的忧虑毫不在意,说笑了一阵走开了。第二天,范蠡给越王勾践送上一份辞呈,说:"臣闻主忧臣劳，主辱臣死。昔者君王受辱于会稽，臣所以不死，为的是复仇雪耻。今日君王已经达到目的，臣请君王赐死……"勾践读罢辞呈，气恼地说："难道范蠡不相信寡人？我打算将越国分一半给他，他若是真生疑心，我定要加诛于他！"范蠡心知勾践对自己并非真心实意，早晚要加罪于他，于是偷偷带上宝物珠玉，与心腹亲信乘船从海路逃走了。范蠡在齐国海边落脚之后，改名换姓，自称鸱夷子皮，耕种滩涂，劳身苦作，治理产业，没几年就成了当地的首富。齐国大夫听说他的贤名和才能，派人请他去做齐国的相国，他谢绝了。范蠡喟然长叹道："居家则致千金，居官则至卿相，此乃布衣之极也。久受尊名不祥……"范蠡不去当相国，便不宜在此处久居。于是，他把家财分给知友、乡亲，只带一些值钱的珠宝，迁移到陶地，自称为陶朱公。不久，他又成为当地的富豪，家资巨万，远近闻名。

自从范蠡不辞而别后，大夫文种觉得很孤单，又见勾践日夜享乐，不像从前那样敬重自己，有点心灰意懒，常常称病不朝。于是有人向勾践进谗言说："大夫文种自恃有功，倨傲不朝，背地里勾结私党，企图叛乱……"

于是勾践赐一把宝剑给文种，命令道："你教寡人七种计谋征服吴国，寡人只用了其中三种就打败了吴国。还有四种计谋留在你那儿，我命令你去替我死去的先王谋划吧……"文种悔恨地说："这都怪我不听范蠡的劝告啊……"说完，文种用宝剑了结了自己的生命。

伴君如伴虎，自古以来就有"功高盖主""兔死狗烹"的说法。古人常说作为一代功臣，不应只会谋国，还应懂得谋身。像文种那样功成身不退，落得个身首异处；范蠡则当退就退，成就了一代大富豪。身处社会，为人应该以此为戒，学会在适当的时候远离大家关注的中心，才是最安全的退路，毕竟急流勇退，也不失英雄本色。

正如老子所言："金玉满堂，莫之能守；富贵而骄，自遗其咎。功成身退，天之道。"一切皆达圆满之境时，便应思身退之道，这是明智者的聪慧抉择。

## 说出来的永远都要少于需要说的

当你想用言辞来给人们留下深刻印象的时候，你说得越多，你这个人看起来就越是平淡无奇，你所能控制的也就越少，而且说出更多愚蠢的话的可能性也就越大。如果你能把话说得隐晦一点、神秘一些，多给人留一点想象的空间，那么即使你是老调重弹，别人也会觉得你的见解独到。正如那些成功人士，他们总是说得很少，但给人的印象却很深刻，而且总是能点到问题的要害之处。

就拿大家熟悉的清乾隆时期重臣刘墉来说，人们脑海里立刻浮现出一个聪明机智、正直勇敢、不失几分幽默的人物形象。刘墉靠着他的正直和聪明才智周旋于官场，左右逢源，游刃有余。

刘墉也曾遭遇重大挫折，受到乾隆皇帝的斥责，本该获授的大学士一职旁落他人。究其原因，不过是刘墉守口不密、说话不周，酿成了祸患。一次乾隆谈到一位老臣去留的问题，若老臣要求退休回原籍，乾隆也不忍心不答应。刘墉便将这番话透露给那位老臣，而老臣果然去面圣请辞。乾隆大为恼火，认为这是刘墉觊觎补授大学士的明证，是谋官的明证，因而将其训斥一通，将大学士一职改授他人。

言语谨慎对于一个人立身处世具有很重要的意义。常言道，病从口入，祸从口出。也就是说，疾病往往是因为饮食不慎而引起，祸患则因为言语不慎而招致。处世戒多言，言多则必失。与人相处切忌多说话，说话太多必然有失误。莫言闲话是闲话，往往事从闲话来；是非只为多开口，烦恼皆因强出头。

所以，请一定要记住：你说出来的永远都要少于需要说的。只讲事实情况，不做实质性结论。对于关键性内容，言者并不明言，却有意做出强烈的暗示，使闻者不难从中领悟辨识话中之话、弦外之音，自然会得出合乎逻辑的结论。

## 说话的逻辑

> 他说……后来我又说……他又说……

> 我听不懂你在说什么。

引用的话太多,说得太乱就叫人一头雾水。

> 我到一家书店去买书,在××路的转角,门牌是××号。××路正在修马路。我记得这家书店是五年前开的……

> 你想说什么?

在讲话中不要事无巨细,不要讲太多的细节,说得太多反而毫无用处。

此种手段的妙处在于:言者未曾明言,便可不承担明言的责任;言者未做结论,便无强加于人之嫌;然而言者所要表达的关键内容却尽为闻者所知,其目的已然达到。善奏弦外之音的人比那些凡事喜欢大鸣大放、夸夸其谈的人要高明得多。

如果你想给别人留下很深的印象,少说话往往比喋喋不休更有分量。在职场上,许多成熟稳重的人最精通"话说一半,点到为止"的精要。这不仅能够表明自己的真实意图,给对方一些自主思考、自主选择的空间,从而让自己受到大家的欢迎。

说话是一门艺术。聪明人善用而不滥用这门艺术,往往利用最简洁的语言,传达自己的意思,也能给别人留下最深刻的印象,产生最理想的效果。

1903年12月17日,是人类第一次驾驶飞机离开地面的日子。美国发明家莱特兄弟完成了这一历史创举之后,就开始到欧洲旅行。

在法国的一个欢迎宴会上,各界名流庆祝莱特兄弟的成功,并希望他俩给大家讲话,再三推托之后,莱特兄弟中的一人只得走向讲台。他的演讲只有一句话:"据我所知,鸟类中会说话的只有鹦鹉,而它是飞不高的。"这句精彩的话,博得全场的热烈掌声。

莱特兄弟可以详尽地介绍自己研究发明的经过,也可以谈论科学家的实干精神,但他们只用这一句话就道出了人类智慧的伟大之处,给听众留下了十分深刻的印象。

在以上这些事例中,我们看到了几个说话简洁有力的典范。说得多不一定有用,说得少,说得精,才能提升你的语言分量，提高你的表达技巧。如果你想要成为沟通高手，必须进行一项练习：表述清楚，用语简洁。

## 下篇 见微知著,解开心理密码

# 第一章
# 察言观色，掌握主动

## 从衣服的选择来判断人的个性特征

**1. 喜欢穿简单朴素衣服的人**

性格比较沉着、稳重，为人比较真诚和热情。这种人在工作、学习和生活当中，对任何一件事情都比较踏实肯干，平时勤奋好学，而且还能够做到客观和理智。但是如果过分朴素就不太好了，这种情况表明其缺乏主体意识，软弱而容易屈服于别人。

**2. 喜欢穿单一色调衣服的人**

这种人是比较正直、刚强的，其理性思维要优于感性思维。

**3. 喜欢穿淡色衣服的人**

性格大多比较活泼、健谈，并且喜欢结交朋友。

**4. 喜欢穿深色衣服的人**

性格大多稳重，显得城府很深，一般比较沉默，凡事深谋远虑，常会有一些意外之举，让人捉摸不定。

### 5.喜欢穿样式繁杂、五颜六色、花里胡哨衣服的人

多是虚荣心比较强、爱表现自己的人，他们比较任性，甚至还有些飞扬跋扈。

**衣服是心理特点的外在表现**

随着人类社会的发展与进步，现在从衣着打扮上判断一个人的难度在无形之中增大了。

现在的人们提倡张扬个性，不再拘泥于某一种形式，所以不能按照传统的一套进行观察和判断。

正是由于张扬个性，不拘泥于形式，人们可以更加充分地表现自己的心理状况、审美观点等，可由此把握其性格特征。

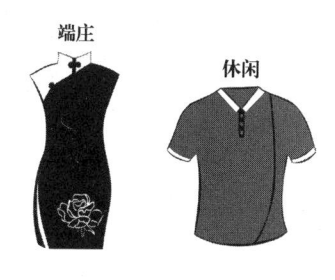

端庄　休闲

### 6.喜欢穿过于华丽衣服的人

多为具有很强的虚荣心和自我显示欲、金钱欲的人。

### 7.喜欢穿流行时装的人

有些人是追求时尚，思维活跃，个性比较强；有些人的特点是没有自己的主见，不知道自己有什么样的审美观，他们大多都情绪不稳定，且无法安分守己。

### 8.喜欢根据自己的嗜好选择服装而不跟着潮流走的人

一般是独立性比较强、有果断决策力的人。

### 9.喜爱穿同一款式衣服的人

性格大多比较直率和爽朗，他们有很强的自信心，爱憎、是非、对错往往都十分明确。他们的优点是行事果断，

显得干脆利落，言必信，行必果。同时他们也有缺点，那就是清高自傲，自我意识比较强，常常自以为是。

10. 喜欢穿短袖衣服的人

他们的性格是向往自由洒脱，为人比较随和、亲切。他们喜欢享受生活，凡事率性而为，不墨守成规，喜欢有所创新和突破，自主意识比较强，常常会以个人的好恶来评判一切。他们虽然看起来有点表里不一，但实际上他们的心思还是比较缜密的，而且什么时候都知道自己是做什么的，所以他们能够做到三思而后行，小心谨慎，不会因任性妄为而做出错事来。

## 从服装颜色的选择看透对方

服装在人们的日常生活中占有十分重要的地位，穿着打扮不仅能反映一个人的修养、职业，同时也反映其个性与心理。心理学家可以从服装的颜色、款式等选择上，分析出人的不同个性与心理。

一般来说，在选择服装色彩的时候，人们多少会受到自己性格的影响。因为每个人的服装色彩，总是和自己当时的心理活动状态有一定的联系。所以，从每个人所喜爱的颜色上可多少看出，他具有什么样的性格特征。

**1. 喜欢穿白衬衫的人：保守内敛**

他们的性格特征是缺乏主动性、判断力，比较保守内敛。在实际生活中，不论搭配什么服装，只要穿上白衬衫都能相得益彰。白色与任何颜色的衣服都能搭配组合，同时白色也是表示干净纯洁的颜色。

虽然白色与任何颜色都能搭配，也能给人一种亲切感，但常穿白衬衫的人，也给人一种"穿什么都可以"的感觉，在性格方面是属于直爽派的。有些需要经常穿白衬衫的职业，例如医生、企业高管、机关的职员等，当你看到对方的第一印象都是缺乏感性，不够浪漫，尤其在感情方面或爱情方面。

**2. 喜欢蓝色、蓝紫色服装的人：自尊心很强**

其性格缺点主要是缺乏决断力、执行力。这类人说话比较啰唆，有些人比较缺乏责任感，但却是自尊心很强的人。如果你想接近喜欢这类服装的人，应逐渐按部就班，并投其所好。同时在这种人面前不能说别人的坏话。

**3. 喜欢穿黑色服装的人：精明自信**

有的人说，穿黑色衣服使人精神紧张，黑色服装通常是在庄重肃穆的仪式中穿着的服装。通常喜欢红、白等明显色彩的人，也比较喜欢黑色系的服装。

**4. 喜欢青绿色服装的人：感情细腻**

这类人感觉比较细腻，能敏锐察觉一些细节信息。

**5.喜欢紫色服装的人：一般比较强势**

这种人一般具有保持神秘、自我满足的艺术家气质，喜欢别出心裁，喜欢按照自己的想法行事。

**6.喜欢褐色服装的人：内心充实**

人们在选择褐色服装时，当时的心理状态会很踏实。

**7.喜欢黄绿色服装的人：不爱交际**

这是有些人在缺乏兴趣爱好、交际面窄、缺乏细腻的心理感受时选择的衣服。

**8.喜欢灰色服装的人：相对保守**

这种人平时比较缺乏主动性，自己没有勇气独自面对困难。

## 自然与时尚，展现个性的保守与开放

女性在约会的时候，或是工作上提出重要方案的时候，其化妆一般比平常要浓，可以说是充满干劲的"决胜负彩妆"。根据心理学家研究，这种比平常浓的彩妆，会提高自信心与满足感，让当事人变得活跃，具有一定攻击性，也变得更符合社交需求。决胜负彩妆似乎真的具有积极的效果，不过奇怪的是，化这种妆同时也会让人变得情绪不安，这是因为和平常的自己不同。

最容易影响别人印象的是面孔，而眼睛则扮演了尤其重要的角色，唇部也会给人十分深刻的印象。

## 口红的颜色彰显个性

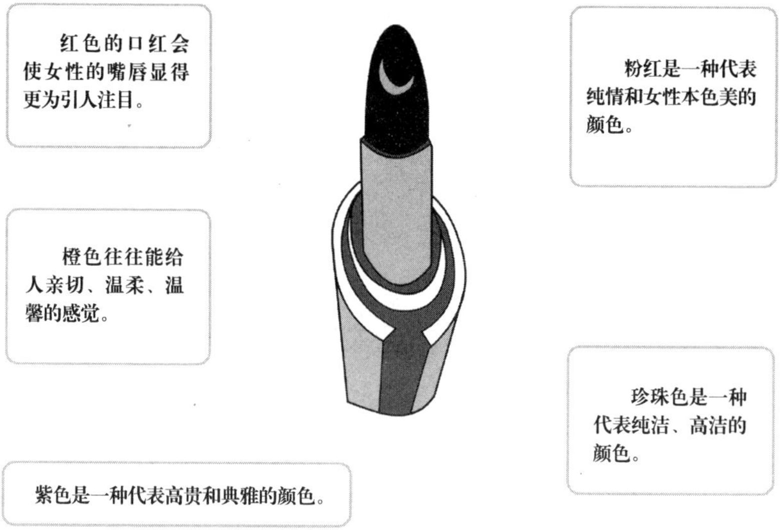

红色的口红会使女性的嘴唇显得更为引人注目。

粉红是一种代表纯情和女性本色美的颜色。

橙色往往能给人亲切、温柔、温馨的感觉。

珍珠色是一种代表纯洁、高洁的颜色。

紫色是一种代表高贵和典雅的颜色。

眼睛给人的印象取决于眉形与眼线。将眉毛描绘成细细的弧形，再衬托着鲜明的眼线，会给人一种华丽的感觉，在漂亮气派的餐厅里约会时很适合化这种妆。使用玫瑰色系的口红，上唇唇山的部分仔细描绘出锐角，会加强华丽的印象。

平直上扬的眉形，配以深色醒目的眼线，再加上强调唇线的深红色的口红，会给人一种意志极为坚强的印象。不是华丽，而是利落感，给人一种强烈的积极感与坚决强硬的态度。这种强硬感的化妆，在提案会议、做报告或发表意见时，可以成为你的后盾。即使实际上自己很紧张，也能帮你隐藏住这种情绪，不论是在言语或动作上，都能让你看起来充满自信。

眉尖自然往上扬，但尾端却突然往下的眉形，营造出俏丽可爱的感觉。画上淡淡的眼线，口红涂得比实际的嘴唇轮廓大一些，然后再迅速地回眸一笑，会给人魅力十足的女性印象。女孩跟喜欢的男性朋友约会时，很适合化这种妆。在看似冷淡的气氛中，偶尔散发出带一点俏皮的性感，就是最完美的表现了。

## 从女性头发的质地与发型观察她

不同的发型往往表现出人的不同个性。

女性的发型若详细分析起来，各种形式较为复杂。女性若留着飘逸的披肩发，则说明她比较清纯、浪漫；若留的是齐眉的短发，则显得天真活泼、无忧无虑；烫成满头卷发，代表这个人充满青春的活力，或多或少地展露一些野性。

女性把头发梳得很整齐，并让它保持自然的状态，说明这个人比较安分守己，甚至有些人是封闭保守的；如果她把头发打理得很整齐，但并不追求某种流行的款式，则表明她可能是比较含蓄，但有较强烈自主意识的一个人；在自己的发型上投入很多的精力，力争达到尽善尽美的程度，说明这是一个自尊心比较强、追求完美、爱挑剔的人。

此外，我们还可以通过头发质地看出一个人的性格特点。

头发像钢丝，又粗又硬，而且比较浓密。这样的人疑心多且重，不会轻而易举地相信别人。她们最信任的就是自己，所以凡事都要自己动手，只有操纵和掌握一切，才觉得放心。她们做事很有魅力，而且组织能力也比较强，具有一定的领导才能。这种类型的人，理性的成分要多于感性，所以遇到涉及感情方面的问题时，往往会显得有些笨拙。

头发很粗，但色泽很淡，比较稀疏，而且质地坚硬。这种发质类型的人自我意识极强，刚愎自用，往往不听别人的劝告。她们不甘心被人领导，渴望能够驾驭别人。她们中有些人比较自私，缺乏容人的度量。但这种类型的人，一般来说头脑还算比较聪明，可是她们的目光比较短浅和狭窄，只专注于眼前，看不到长远利益。

头发柔软，却又稀疏。这种类型的人自我表现欲望一般比较强，她们喜欢出风头，更爱与人辩论，以吸引他人的注意力，获得他人的关注。在她们的性格中，自负的成分占了很多，有些人妄自尊大，很少把他人放在眼里，尽管自己在某些方面表现得很糟糕。她们做事的时候，缺少必要的思考，所以常会做出错误的判断，而且还容易疏忽和健忘。

头发浓密粗硬，却自然下垂。这种人从外形上来看，多半身体比较胖，而且显得比较慵懒，不喜欢运动，但是她们的心思多且比较缜密，往往能够观察到特别细微的地方。她们的感情较为丰富，易动情，但是对感情不够专一。

## 奇妙多变的眼神有哪些含义

孟子说："观其眸子，人焉哉！"意思说：想要观察一个人，就要从观察他的眼睛开始。眼睛是人的心灵之窗，一个人的想法经常会从眼神中流露出来，好坏是不容易隐藏的。譬如，天真无邪的孩子，其目光必然清澈明亮；利欲熏心的人，则很难掩饰他眼中的浑浊不正。

在人们交谈的过程中，如果对方不时把目光移向别的地方，则表示他对你的谈话内容不感兴趣或另有所想，正在计划另一件事情。相反，如果对方的眼神上下左右不停地转动，无法安定下来时，可能是因内心害怕而说谎，通常有难言之隐，也许是为了不失去朋友的信任，而对某些事情的真相有所隐瞒。

和异性视线相遇时故意避开，表示关切对方或对对方有好感；眼睛滴溜溜转个不停的人，体现出其意志力不坚强，容易遭人引诱而见异思迁。

眼光流露出不屑的人，显示其想表达敌视或拒绝的意思；眼神冷峻逼人，说明他对人并不信任，心理处于戒备状态。

没有表情的眼神，说明这个人心中愤愤不平或内心有所不满；交谈时对方根本不看你，可以视为对方对你不感兴趣

## 解读眼睛里的密码

眼睛的神采如何,眼光是否坦荡、端正等,都可以反映出对方的品质。如果对方的眼睛滴溜溜地乱转,很明显,你必须心存戒备了。

这眼神贼溜溜的,他在隐瞒什么?

哦,哦,你好……

您好啊!

躲闪对方目光的人,一向缺乏足够的信心,不仅怀有自卑感,而且性格软弱。

或是不愿意亲近你。

想了解一个人,第一件事就是要看穿他的心,而想看穿别人的心,其实并不难。因为再高明的人也会在不知不觉中把自己内心的感情、想法暴露出来,只不过暴露的程度、方式与普通人有些区别而已。一般而言,善良淳朴的人,眼神大都坦荡、安详;狭隘自私的人,眼神一般都狡猾、昏暗;不恋富贵、不畏权势的人,眼神一般都刚直、坚强;见异思迁、见风使舵的人,眼神一般都游移、飘忽。

## 从眼神窥视对方的动机

眼神或眼部动作的不同，会泄露每个人不同的心底秘密。

◇一直盯着对方的眼睛，心中定是另有隐情。

◇在谈话中注视对方，表示其说话内容为自己所强调，希望听者能及时做出回应。

◇初次见面先移开视线者，多数想处于优势地位，争强好胜。

◇被对方注视时，立即移开目光者，是一种自卑的表现。

◇看异性一眼后，便故意转移目光者，表示对对方有强烈的兴趣。

◇喜欢斜眼看对方者，表示对对方怀有兴趣，却又不想让对方识破。

◇抬眼看人时，表示对对方怀有尊敬和信赖之心。

◇俯视对方者，欲向对方表现出一种威严。

◇视线不集中于对方，目光转移迅速者，这种人性格内向。

◇视线左右晃动不停，表示他正在冥思苦想。

◇视界大幅度扩大，视线方向剧烈变化时，表现此人心中不安或有害怕的心理。

◇在谈话时，如果目光突然转移向下，表示此人已进入沉思状态。

◇尽管视线在不停地移动，但当出现有规律的眨眼时，表现出思考已有了头绪。

眼睛的动作多种多样、千变万化：有拒绝眼神交流的动作，有各种不客气地看看对方的动作，有兴趣极浓的人不断地扫视，也有心怀戒备的凝视，甚至还有用仇恨的目光来毫不掩饰地诅咒别人。

在被别人注意时，如果不加理睬就使自己变成了一个纯粹的被观察目标。一旦双目对视，观察者和被观察者就会产生眼神交流，就不能再像看一件物体一样去凝视不止。如果看别人并非凝视不动，而是看一会儿后目光就移开，是在维护别人的独立权。然而在斥责时，眼睛动作就一反常态了，斥责者双眼逼视对方，被斥责者却不敢看向对方，或者看一眼就马上移开。如果目视斥责者，就表示反抗或挑战。

对某人凝视不止，是将其"非人格化"，这种凝视或许有时是允许的。例如，在剧场和演讲厅，演员和演说家愿意在自己表演或演说时，使自己失去自我感，喜欢别人把自己当成抽象的人去观察，这样可以避免一些紧张；服务人员都回避直愣愣地凝视顾客，因为他们一旦留心观察顾客时，就不再将顾客只当作服务对象对待了。眼神也可能变成指点，如果有人从他的餐桌上看看你，然后又看了看你的脚，那么他的眼睛就是在指责你，可能你的脚动作引起了他的不满，叫你注意点。

## 男女眼神的差异

究竟是女性解读眼睛信息的能力强，还是男性解读眼睛信息的能力强，心理学家对这一问题一直存在争议。不过，美国心理学家布莱德的一项实验证明，女性解读眼睛信息的能力比男性更胜一筹。

在实验中，布莱德让参加试验的100名男女（男女各占一半）去看一些仅能看见人物眼睛的照片，并要求他们通过人物的眼神去揣摩照片中人物的情绪状态。让这100名参加试验的男女观察各自手中的照片大约10分钟后，布莱德要求他们把揣摩的人物情绪状态写在纸上。结果和布莱德预想的几乎完全一致，在50名男性中，仅有15人猜对了他们手中照片的人物情绪状态，而在50名女性中，仅有15人猜错了她们手中照片的人物的情绪状态。随后，布莱德又挑选了不同的人群做了10次同样的试验，其结果和第一次基本一致。这表明，女性解读眼睛信息的能力比男性更胜一筹。

有趣的是，各国科学家至今没有弄明白人们是如何通过眼睛来解读或发出各种信息的，他们仅仅知道我们有这种能力。同时，布莱德通过试验还发现，在男性当中，性格内向，或是有自闭倾向的人，他们不仅在解读眼睛信息方面比一般男性差，即使在解读其他身体语言方面，也会比一般男性差。这可能就是那些性格内向或者患有自闭症的人很难建立和谐人际关系的原因之一。

### 1. 女性的眼白比男性多

因为身体语言比口头语言更接近人类的本能，所以心理学家在从事相关研究时，喜欢用灵长类动物，如黑猩猩、猴子等做对比试验，对人类眼神的研究也不例外。

通过对比，科学家发现，借助眼白人们就可以很方便地观察到对方的视线，并猜测他的心理变化，因为一个人的视线移动和变化是和他的心情密切相关的。与男性相比，女性更善于借助身体语言表情达意，其结果就是女性的眼白要比男性更多。不仅运用身体语言的能力，女性在解读诸如眼神之类的身体语言、阅读他人情绪等方面也强于男性。

猿类没有眼白，它们的眼睛完全是黑色的。当猿类捕猎时，猎物根本无从察觉猿类动物的视线，也无法知道自己是不是已经被发现了。这样，猿类动物就能够轻松地捕获猎物。与猿类动物类似，男人的眼白较少，可能与他们需要掩饰自己言行的心理动机有关。

## 2.变大的眼睛和变小的眼睛

当一只黑猩猩受到外界刺激生气或是准备攻击对方时,它的眉毛会自动降低,同时瞳孔缩小、眼睛变小,表现出一副气势汹汹的样子。反之,当一只黑猩猩忽然得到一大串香蕉或是准备与同类友好相处时,它的眉毛会自动上扬,同时瞳孔扩大、眼睛变大,表现出一副友好、顺从的样子。

人类也同黑猩猩一样,当我们感到生气或是想控制、威胁对方时,就会让眉毛降低,瞳孔缩小、眼睛变小,表现出一副无比威严的样子。反之,当我们感到高兴或是想与对方建立友好关系时,就会让眉毛上扬,同时瞳孔扩大、眼睛变大,表现出温柔、顺从的样子。

由此,我们也就明白了很多女性在与别人,尤其是与异性进行眼神交流时,总是喜欢扬起自己的眉毛和眼皮的原因。她们之所以这样做,就在于此举能使她们的瞳孔扩大、眼睛变大,从而显示出可爱的"娃娃脸"。一般来说,此种表情对男性具有很大的吸引力。相比于其他表情,它能增添女性的温柔和美丽。所以,很多女性在为自己化妆时,总喜欢把眉形增高,以便使自己的眼睛看起来更大,显得更加可爱和温柔。与女性故意将眉形增高相反,男性如果要修眉,他们通常会把眉形降低,以便使自己的眼睛看起来较小,显得精神十足,从而给别人一种震撼力和威慑感,尽显男子汉的魅力。

## 点睛之笔：从眉毛观察他人

人的眉毛无疑可以展现心情的变化。过去曾有人认为，它们主要的功用是防止汗水和雨水滴进眼睛里。眉毛除了这些功能之外，还与表达情绪有关。每当我们的心情有所改变时，眉毛的形状也会跟着改变，而产生许多不同的重要信号，主要有以下几种。

**眉毛动作不同，心情各异**

眉毛完全抬高表示"难以置信"。

眉毛正常表示"不作评论"。

眉头紧锁，说明这是个内心忧虑或犹豫不定的人。

眉梢上扬，表示是个喜形于色的人。

### 1. 低眉

低眉是受到侵犯或威胁时的表情，防护性的低眉则是要保护眼睛，免受外界的伤害。在遭遇危险时，光是低眉仍不够保护眼睛，还得将眼睛下面的面颊往上挤，以尽最大可能提供保护，这时眼睛仍保持睁开并注意外界动静。这种上下压挤的形式，是面临外界危险时典型的退避反应，眼睛突然见到强光照射时也会有如此反应。当人们有强烈的情绪反应，如大哭、大笑或感到极度恶心时，也会在脸上产生这种情状。

### 2. 皱眉

一般人会觉得一张皱眉的脸比较凶猛，不会想到那其实和自卫有关。真正带有侵略性的、无所畏惧的脸，是瞪眼直视、毫不皱眉的。皱眉所代表的心情可能有许多种，例如希望、诧异、疑惑、否定、快乐、傲慢、愤怒、恐惧等。要完全了解其意义，只有结合具体情境去分析。

一个深皱眉头忧虑的人，基本上是想逃离他目前的境地，却因某些原因不能如此做。一个大笑而皱眉的人，其实心中也有轻微的惊讶成分。

### 3. 眉毛一道降低、一道上扬

两道眉毛一道降低、一道上扬，它所表达的信息介于扬眉与低眉之间，半边脸显得激动，半边脸显得恐惧。眉毛斜挑的人，心情通常处于怀疑状态，扬起的那道眉毛就像是提出一个问号。

### 4. 眉毛打结

眉毛打结是指眉毛在上扬的同时相互趋近，和眉毛斜挑有些类似。这种表情通常表现出严重的烦恼和忧郁，有些慢性疼痛的患者也会如此。突然而来的剧痛产生的是低眉而面部扭曲的反应，较和缓的慢性疼痛才产生眉毛打结的现象。

在某些情况下，眉毛的内侧会拉得比外侧高，而形成眉毛反向斜挑似的夸张表情，一般人如果心中并不那么悲痛的话，是很难勉强做到的。眉毛先上扬，然后在几分之一秒的瞬间内又下降，这种向上闪动的快速动作，是看到喜欢的人出现时的友善表示。它通常会伴着扬头和微笑，但也可能自行发生。眉毛闪动也经常出现于一般对话里，作为加强语气之用，每当说话者要强调某一个字时，眉毛就会扬起并瞬间落下，像是不断在强调："我说的这些都是很重要的！"见面时，眉毛闪动，是表示"你好"，连续闪动就等于在说"你好！你好！你好"。如果前者是说"看到你我真高兴"，那么后者就是在说"我真是太意外，太高兴了"。

### 5. 耸眉

耸眉亦可见于某些人说话时。人在热烈谈话时，差不多都会重复做一些小动作以强调他所说的话，大多数人讲到要点时，会不断耸起眉毛，有些习惯性的抱怨者在絮絮叨叨时也会这样。

## 鼻子：人们性情的象征

鼻子动作虽然轻微，但也能表现出一个人的心理变化。

在谈话中对方的鼻孔稍微变大，多半表示满意或不满，或情感有所抑制。鼻尖冒出汗珠，说明心理急躁或紧张；如果对方是重要的交易对手，必然是急于达成协议。有些人的鼻子形状像鹰嘴，鼻尖向下垂成钩状，我们要注意有的鹰鼻而眼深者生性贪婪不知足。如果鼻子的颜色整体泛白，表明遇到困难后畏缩不前。鼻孔朝着对方，显示藐视对方、轻视别人。鼻子坚挺的人性格坚强，其决定的事情一定要做到。摸着鼻子沉思，说明正在思考，希望有个权宜之计解决当前的问题。

一位研究身体语言的学者，为了弄清鼻子的情绪表达问题，专门做了一次观察鼻语的旅行。他在车站观察，在码头观察，到机场观察，他旅行了一个星期，观察了一周，得出以下两个方面的结论。

第一，旅途是身体语言最丰富的表现时刻。因为各个地区、不同年龄、不同性别、各种性格的人都汇集在一起，而且都是陌生人，语言交流很少，但心理活动很多。所以，大量的心理活动和情绪都表现于身体语言。有位学者说："旅途是身体语言的试验室。"

第二，人的鼻子是会动的。鼻子是个无声语言的器官。根据这位学者的观察显示，在有异味或香味刺激时，鼻孔会有明显的伸缩动作，严重时整个鼻子都会微微颤动，接下来往往会出现打喷嚏现象。他认为，这些动作都是在传递信息。此外，据他观察，凡高鼻梁的人，多少都有某种优越感，有时会表现出"挺着鼻梁"的傲慢态度。在旅途中，与这类"挺着鼻梁"的人打交道，比跟低鼻梁的人打交道要稍难一些。

一位日本籍整容医生结合临床经验告诉我们："某人一旦接受了隆鼻手术，以往本来属于内向性格者，也会摇身一变而成为倔强之人。"

曾有一本小说，其中有一段关于鼻子动作的描写。书中的男主角看到一位漂亮的小姐，为了表现出他与众不同的吸烟方法，他向空中吐着烟圈，然后烟圈飘向那位小姐。小姐没说什么，只是伸手捂了一下鼻子。男主角问："你讨厌烟味吗？"那位小姐没有回应他，只是继续捂着鼻子。其实，用手捂着鼻子的身体语言已经表达出她的厌烦情绪。遗憾的是，那位吸烟者竟然没有看出来，反而去问一个不该问的问题。在初次见面的沟通中，这样做自然要碰钉子。

有的研究资料主张把用手捏鼻子的动作归为鼻子的身体语言，而不是手的身体语言。若某人仰着脸，用鼻孔而不是用眼睛看人，这跟用手捂捏鼻子一样，是想要表达出自己内心反感的情绪。

在旅途中，碰到有这些姿势的人，应尽量少打交道。譬如，请他人帮助做某件事情之时，如果对方做出用手摸鼻子的动作，或是用鼻孔对着你"看"，这应该视为他接受请求的可能性不大，或者已经表示拒绝。

因此，当你跟自己讨厌的人迫不得已交谈时，如果想尽快结束无谓的话题，不妨用手多摸几次鼻子，再加上不停地交换姿势，或用手拍打物体之类的动作。

### 祸福的门户：善变的嘴巴

嘴是人传递有声语言的器官，它不但是人最忙碌的器官之一，而且是脸上最富有表情的部位，语言表达、情感交流、吃喝等功能都需要嘴来实现。嘴在人的生存、交往中有着其他任何器官都不可替代的重要作用，现代心理学家经过长期观察发现，嘴还有反映一个人性格特征的功能。

嘴不仅有大小之分，也有形状之别，不同的形状能给人不同的感觉，不同的形状可能代表不同的性格。

理想的口唇形状应该是：口阔而有棱，正而不偏，厚而不薄，唇色红润，形如角弓，或如四字，或口方唇齐，上下唇厚薄一致，相载相覆，开大合小，唇紧闭而不露齿，位置正中，左右对称，此为有成。有成的嘴唇，表示一个人正直、忠信，语不妄发，有口德，也说明身体健康。

相反，口唇若尖缩而无棱，阔大无收，偏斜不正，薄而不厚，唇色发黑干枯，两角下垂，上下唇厚薄不一致，不相载覆，唇开露齿，位置偏歪，左右不对称，则为无成。

**1. 聪明好学的四方口**

四方口就是嘴的形状像一个"四"字。这种口型方方正正，嘴角平直，给人一种活泼开朗的感觉。这种人无论做什么事情都专心致志，头脑比较灵活，读书学习都比较有成效，被认为是聪明人。这种人因为乐观好学，所以很容易受到别人的喜欢。因为他们正派，所以常会得到别人的信赖和帮助，人生少有坎坷。

**2. 笑不绝口的仰月口**

这种口型比较方正，两个嘴角自然向上，天生就是一副很快乐的样子。这种人往往唇如朱丹，齿如白银，给人以很好的印象，再加上那副天生笑容，很容易获得别人的好感。因为他们对知识也很感兴趣，好奇心强，知道的也多，往往出口成章，显得满腹经纶，所以经常会成为社交中引人注目的人物。

**3. 消极悲观的覆船口**

口如倒扣的船，嘴角两边向下垂，下唇绷得很紧而且轮廓也不大清楚。这种人可能会思想消极，无论什么事情都往坏的一方面想，而且行动迟缓，是典型的悲观主义者。

## 嘴唇厚薄与人的性格

一些社会学家对嘴唇进行了研究，并且总结出许多经验，不仅得出嘴唇与身体健康有关的结论，也得出了与人的品质性格有关的结论。

**1. 嘴唇厚的人为人实在**

嘴唇厚的人给人的感觉是憨厚、诚实。这种人心地善良而仁慈，在为人处世中，他们总是诚恳待人，对朋友、同事重感情，讲信用。但是，这种人缺乏主见，办事不够果断。如果一个女人有两片丰润的朱唇，这就是她的本钱，足够她享受一辈子，因为这不仅表明她为人实在，还表明她身体健康，并且非常性感。

**2. 嘴唇大且厚的人性格坚强**

嘴唇大且厚的人给人的印象往往是比较沉着稳重。通常而言，这种人性格坚强，具有很强的自尊心和好胜心，干起事来总有一股冲劲和拼搏力，不达到目的，他们绝不会罢休。为什么会有这种感觉呢？嘴唇厚的人，面颊往往比较丰满，因此给人一种忠厚老实的感觉，而且这种人待人温和，具有良好的人际关系。为了保持这一系列优势，他们对自己的工作会越来越尽职尽责，工作也会越来越扎实。如果是女性，其内心感情更为丰富。

### 3. 嘴唇薄者爱吹毛求疵

人的容貌特征与道德品质总有一种潜在的联系。如品行端正者作风也正派，贼眉鼠眼者则为人奸诈；还有人说鼻正心也正，鼻歪心有鬼。嘴唇厚薄也同样遵循这一规律。在现实生活中可以发现，那些尖酸刻薄的人，天生就爱耍嘴皮子，唠唠叨叨把嘴唇都磨薄了。在他们的概念中，好像只有用滔滔不绝的语言才能战胜对方，从不打算用诚信与对方交往。

## 透过说话的韵律见人心

在言谈中，除了音感和音调之外，语言本身的韵律也是重要的因素。充满自信的人，谈话的韵律会肯定连续；缺乏自信的人或性格软弱的人，讲话的韵律则犹豫不决。其中，也会有人在话讲了一半之后说："不要告诉别人……"此种情况多半是秘密谈论他人的闲话或缺点，但内心却又希望传遍天下的情形。

话题冗长，需要相当时间才能告一段落的情况，说明谈论者心中必潜藏着唯恐被打断话题的不安。这种人，会以盛气凌人的方式谈个不休。至于希望尽快结束话题交谈的人，也有害怕遭到反驳的心理，所以常常给对方没有结果的错觉。

经常滔滔不绝谈个不停的人，一方面目中无人，另一方面则喜欢表现自己。这种类型的人，一般性格外向。

一个成功的企业家或管理人员,在掌握言谈的韵律方面都有独到之处。这种细节性的处理方式,使他赢得了周围人或下属的认可与尊重。

说话比较缓慢的人,大都性格沉稳,他们处事做人就是通常所说的慢性子。

## 从说话特点看透对方的性格

人说话的目的不仅是把想表达的意思传达给对方,更主要的目的则是为了让对方接受——更好地、更愉快地接受。为了达到这样的目的和效果,在说话的时候,就要注意自己的语态。从一个人说话的语态上,也可以反映出一个人的性格。

在说话中善于使用恭维崇敬用语的人,多为比较圆滑和世故之人,他们对别人有很好的观察力,往往能够感觉到他人的心情,然后投其所好。这一类型的人能够随机应变,适应力很强,性格弹性比较大,与绝大多数人都能保持很好的关系,在为人处世方面多能如鱼得水,左右逢源。

在说话中善于使用礼貌用语的人,一般都有一定的学识和文化修养,能够给予别人足够的尊重和体谅,心胸比较开阔,有一定的包容力。

说话非常简洁的人,性格大多豪爽、开朗、大方,行事相当干练和果断,凡事说到做到,拿得起放得下,从来不犹

## 从说话话题看透对方心理

> 我们家老王今天涨工资了,据说……

有些人的话题太偏重自己、家庭或职业方面的事情,是一种自我意识的倾向,他们属于自我中心主义者。

> 听说××的男朋友是个富二代呢……

有些人非常愿意打听对方的秘密,这是想弄清对方的底细,希望能进一步掌握对方表达的意思。

> 每个月都发这么点薪水,实在没动力工作了……

有些人愤愤不平地埋怨待遇低微,其实,待遇低微只是借口而已,他们内心的真正原因是他们对自身工作并不热爱。

犹豫豫、拖泥带水,非常有魅力,具有开拓精神。

说话拖泥带水、废话连篇的人,大多比较软弱,责任心不强,遇事易推脱逃避,胆子比较小,心胸也不够开阔,唠唠叨叨,整天在一些鸡毛蒜皮的小事上纠缠不清。他们虽然对现实状况有一些不满,但缺乏开拓进取精神,且不会寻求改变,只是在等待,容易嫉妒他人。

说话习惯用方言的人,感情丰富且特别重情重义。他们的适应能力并不是特别强，融入一个新的环境往往需要很长的一段时间。这一类别的人，自信心比较强，有一定的魄力和胆量，很容易获得成功。

在说话的时候，总是不断发牢骚的人，大多是好逸恶劳、贪图享受的人。他们虽然想改变自己的处境，但总是安于现状，坐享其成，不付诸实际行动。一遇到挫折和困难，就逃避退缩，把原因都归结到外界的因素上。他们对别人的要求总是相当严格，却从不以同样的标准要求自己。他们自私自利，缺乏宽容别人的气度，很少设身处地地为别人着想，总期望得到更多的回报。

## 从接受表扬的态度看透对方

表扬是对成绩的肯定，表示大众接受一些人的行为或某种观点，是人人都期望的一种外界反应，受到表扬的人往往会得到心灵上的愉悦和满足。

有的人追求表扬胜过财富，也有的人追求表扬胜于生命，所以表扬对于一个人的性格有着非常大的影响。

危险处境考验的是一个人的勇气，功名利禄能够检验出一个人的德行，一个人的耐性可以从琐事缠身的时候看出来，而一个人在接受表扬的时候所产生的反应，将暴露出什么信息呢？

## 冷漠对待表扬的人的性格特征

你最近的工作表现很不错。

无动于衷的人

听到表扬无动于衷的人,在工作当中会兢兢业业,不喜欢争强好胜,奉献是对他们的高度评价。

心不在焉的人

他们根本没有心情为表扬浪费过多的时间,他们反应灵活且才华横溢、富有眼光,既现实又果断。

你是咱们这批新员工里表现最好的。

### 1. 一受到表扬就害羞的人

受到表扬的时候面红耳赤、表现得很腼腆的人,温柔而敏感,感情比较脆弱,别人的批评会很容易让他们受到伤害,更经受不住意外的打击。他们富有同情心,关注别人的感受,不会用言语或行动主动攻击别人。

### 2. 不敢相信的人

这种人听到赞扬的话,会用一种非常惊喜的样子来表达自己心中的喜悦。他们憨厚淳朴,不喜欢与别人发生矛盾冲突,甚至于时常损失自己的利益来换得安宁。他们喜欢参加群体活动，交往过程中的大度和慷慨让他们与别人建立起良好的人际关系，与他人能够相处得非常融洽。

**3. 相互赞扬的人**

听到别人的表扬，这种人会立刻用相应的表扬话语回敬，让对方有一种得到回报的感觉，这种人有自己的个性，不喜欢依赖他人，对自己和生活充满了自信。这种人在人际交往过程中，很讲究平等互利，和他们交往可以毫无后顾之忧，既不必担心吃亏，也不要产生占他们便宜的念头。

**4. 极力否定的人**

这种人经常用诙谐的话语回敬对方的表扬，有时会否定对自己的表扬。他们不喜欢参加集体活动，不愿受到别人的干扰，将更多的精力和时间用于维护自己的独立空间。他们幽默含蓄，但又略显放荡不羁，其实这是他们故意封闭自己的一种手段和方式，因此他们通常不会和别人建立起深厚的友谊，或者只求找到几个好朋友。

**5. 来者不拒的人**

这种人较为公平，会在接受别人表扬的时候用适当的敬语称颂对方。他们心地单纯，好助人为乐，经常设身处地为别人着想，能够对他人的优点给予肯定，别人非常愿意和他们相处。他们慷慨大方，能够给予朋友及时有效的帮助，和他们共渡难关。

**6. 心平气和的人**

这种人对于表扬自己的人，能恰到好处地表达出由衷的感谢，给对方彬彬有礼的感觉。他们沉着稳重，注重实际，讲究实效，富有进取心，善于韬光养晦，经常出其不意地给人以惊喜。他们有自己独立的行事原则，能够按照预定的目标坚持不懈地努力，不受外界环境影响，更不会招摇过市。

## 第二章
# 一举一动，皆有文章

## 从阅读习惯上看人的内心

不同的人有不同的阅读习惯。买回一本书或是一份报纸，有的人会迫不及待地马上就读，但有的人可能会把它先放在一边，等闲暇时再安安静静地享受阅读乐趣，这其中的差别就是由不同人的不同性格所致。所以，通过阅读的状态和习惯，可以对一个人的性格进行观察。

有些人拿到一本书或是一份报纸后，不论时间、地点和场合，迫不及待地想看看其中到底讲了什么内容，即使是手

**把阅读当作消遣的人的性格特点**

他们为人处世缺乏坚决果断的魄力和勇气，不善于交际，常常孤芳自赏、自命清高。他们有很丰富的想象力，但又有些不切合实际。他们善于体贴别人，具有一定的同情心，思想比较单纯，为人慈厚，一般情况下不愿意伤害别人。

工作累了，看看报纸消遣一会吧！

头上正做着别的事情，也会暂时先放一放。这种人多是外向型的，他们做事总是雷厉风行，干劲十足，但缺乏必备的稳重和沉着。他们的性格比较开朗和大方，真诚又豪爽，生活态度积极乐观，有充沛的精力和热情，是一个不甘寂寞的好动分子。他们虽然头脑很灵活，具有一定的随机应变能力，但是并不善于掩饰自己，常常喜怒形于色，别人往往会看个一清二楚。他们的适应能力和交际能力并不差，所以人际关系处理比较好。他们的思想比较超前，对于新鲜事物的接受能力也很快，常常会有一些大胆的设想。但缺点是太爱出风头，有时还有些刚愎自用。

有些人拿到一本书或是一份报纸以后，先将它们放在一边，尽快把自己手头上的工作做好，然后在没有任何打扰的情况下，再将它们拿出来，静静地、认真地阅读，看到比较好的内容，说不定还会摘抄下来或者发朋友圈分享出去。这一类型的人大多属于内向型的，他们沉默少语，不善于交际，人际关系并不是特别好。但是他们很有自己的思想和主见，不说则已，一说常常是一鸣惊人。他们很注重现实，不会有一些不切合实际的想法和做法，自我约束能力比较强，个性独立，办事认真，只要开始做一件事，就会力争把事情做到最好。平时他们对周围的人不是很热情，也不希望从别人那里得到什么，但他们很懂得"独乐乐"。

有些人拿到一本书或是一份报纸以后，只是先大概浏览一下，然后就放在一边不看了，因为他们很难静下心来仔细阅读。这样的人性格大多外向，生活态度是乐观且积极的，但性格中有一些随意性。他们具有一定的幽默感，善于交际，兴趣广泛，耐不住寂寞，他们希望生活中永远都有许多朋友和欢声笑语。他们具有一定的组织能力，但自我约束力差，做事可能会马马虎虎，得过且过，甚至有时还招惹一些是非。

## 从个人嗜好识别对方

每个人都有一些自己的嗜好，只不过有些时候，由于工作学习太忙了，以致没有时间来做自己喜欢的事情，所以渐渐地把它忽略了。嗜好不同于工作和学习，工作和学习在很多时候具有一定的目的性，为了某一目的而做，甚至是做也得做，不做也得做，就会感到非常被动。可是嗜好不一样，嗜好完全是自己喜欢的、感兴趣的，做它是为了愉悦自己。有什么样的嗜好，这往往依据一个人的性格而定，所以通过它也能了解一个人。

### 1. 喜欢户外运动的人

喜欢户外运动的人性格多是比较粗犷和豪爽的，很讲义气，凡事不会和别人太计较。他们往往认为社会很现实，优胜劣汰，适者生存，所以他们会努力使自己成为一个强者，因为只有这样才能更好地生存下去。他们有一定的胆识和魄力，很多事情都是敢做敢当，可称得上是顶天立地的人。

### 2. 喜欢手工艺品和刺绣的人

喜欢手工艺品和刺绣的人，多数是热情而富有爱心的人，他们具有很强烈的责任感，能够对每一个人、每一件事情负责。他们的生活态度是积极乐观的，但并不会放纵自己。他们时刻知道什么是自己应该做的，什么是自己不应该做的。他们自信心非常强，经常会为自己所取得的成就而暗自陶醉，从中获得满足感和成就感。

### 3. 喜欢搜集钱币的人

喜欢搜集钱币的人，其性格相对而言是比较保守和传统的，不太敢冒风险，接受新鲜事物的能力比较差。他们多具有很强烈的责任心，尤其是对自己的子女更是倍加疼爱。这一类型的人做事有始有终，追求完美，从来不会半途而废。他们对结果的重视程度往往要大于过程。

### 4. 喜欢搜集一些零碎物品的人

喜欢搜集一些零碎物品的人，例如一些瓶瓶罐罐、小纪念品等，大多进取心比较强烈，他们在大多数时候表现得相当忙碌，好像总有做不完的事情。他们的怀旧情结比较强烈，从这一点可以观察出他们是很重感情的人。他们不会过分地放纵自己，而且很懂得节约，欲望心不是特别强烈，在很多时候比较容易满足于现状。同时，他们也有很强的自信心，会为自己所取得的成就而感到骄傲和自豪。

### 5.喜欢表演的人

喜欢表演的人,他们的情感是很细腻的,希望能够尝试不同的角色,体验不同的生活。此外,他们的想象力丰富,这样他们才能把不同的角色揣摩到位,表演逼真。但这一类型的人,有点沉迷于幻想而不切合实际。

### 6.喜欢木工制品的人

喜欢木工制品的人,动手能力都比较强,凡事都希望能够自己解决,而不依靠别人。他们的自尊心比较强,若总是靠别人,会使他们的自尊心受到伤害。他们大多怀有强烈的自信,坚信自己会成功。他们接受新事物的速度比较快,敢于冒险,喜欢进行探索和尝试。

### 7.喜欢园艺的人

喜欢园艺的人,凡事都追求一个循序渐进的过程,然后让其自然而然发展,相信水到渠成。他们具有一定的责任感,能对某个人、某件事情负责。他们自己心里会时常有一些欲望,为了使这种欲望变成现实,他们会努力工作,然后在付出得到回报后,好好地享受自己的劳动成果。

### 8.喜欢钓鱼的人

喜欢钓鱼的人,做事的时候对于过程的重视程度往往高于结果。他们在工作的过程中能够体会到很多的快乐和自我价值肯定,但是对于结果的成败,则显得有些无所谓。他们信奉的人生格言是只要努力做了就问心无愧。他们在平日里显得比较散漫，看样子有些不在状态上，可一旦有事情发生，他们往往能够以最快的速度调整自己，积极地投入其中，而且大多有很好的耐性。

### 9. 喜欢写作的人

喜欢写作的人，思考能力很强，为人比较小心和谨慎，喜欢把自己的想法写出来，这样可以更有效地把自己的思路理清，他们对事物有自己独特的见解和想法。

### 10. 喜欢抽象画的人

喜欢抽象画的人，表现欲望相对比较强，他们希望有更多的人注意到自己。他们的自我意识比较强，并不是十分在意别人对自己的看法，而是喜欢我行我素。他们的行为在很多时候是相当古怪的，他们做事喜欢为自己着想，很少考虑其他人的意见和感受。他们是相对独立的，而且有些人会任性固执，只愿意自己定规矩，自己遵守，而不愿意遵守别人制订好的规章制度。

### 11. 喜欢模型的人

喜欢模型的人，自我意识并不强烈。他们与喜欢不受人束缚和限制、自由自在的人恰恰相反，往往更乐于听命于他人的领导和安排，这样他们就不会感到无所适从。有时候他们会缺少必要的冒险精神，凡事把安全保险放在第一位。在遇到困难的时候，他们往往会显得焦躁，这时候，只有出现一个领导者，去指导他们做什么、怎样做，他们才会逐渐让自己稳定下来。

## 下意识动作和真实想法

很多时候，人的一些下意识动作，往往透露出其内心的真实想法。因为人虽然是理性动物，却不能完全控制自己的下意识动作。当我们感到兴奋、激动、高兴时，除了面带笑容、眉毛舒展之外，往往还会振臂欢呼，击掌庆贺，借着全身的动作将欢乐表现出来。当我们感到紧张、恐慌时，往往会情不自禁地握紧拳头，全身也会变得比较僵硬。

人常常通过手足活动来表露感情。有时，人们想隐藏面部表情，但这样很容易引起手指和脚部的活动，将体态活动变为频繁的局部活动，即把感情所表露出来的张力转换成活动量，而所有这些活动都是在无意识的状态中进行的。一般来说，一个人有意识的动作，多出于自我表现或吸引别人注意力的目的，而无意识的动作却是发自自然、出自天性的。正因为如此，通过一个人的一些无意识动作，可以知晓他内心中很多真实的想法或情绪状态。

我们在打电话的时候，有时会把玩电话线，这种动作是由于潜意识中无法用语言充分表达思想所采取的手部的辅助作用。我们在众人面前演讲时，如果情绪紧张，也会自然而然地比手画脚，或者开始扭动麦克风线。我们面对外国人时，假如

## 无意识的行走动作暴露情侣的真实想法

一般情况下，选择走在对方右侧的人，多半是掌握着主动权。

> 不行，我还是习惯走在右侧！

> 我到你那边走吧，我这样不舒服。

如果一对恋人都喜欢走在对方右侧的话，他们就得小心了，因为他们很可能会因为各自喜欢张扬自我而与对方发生冲突。

如果一对恋人都喜欢走在对方左侧的话，这就意味着双方都有优柔寡断的一面。

如果一对恋人，其中一人喜欢走在对方的左侧，而另一人喜欢走在对方的右侧，这就说明他们可能是"天造地设"的一对。他们不仅相处得愉快、协调，还会因为彼此性格互补而使他们的恋情坚如磐石。

不能用语言充分表达思想，通常会借助手来表情达意。

当你去朋友家做客时，虽然主人依旧和你像往常那样天南地北地神侃，但是你如果发现他不停地弹烟灰或者用手指像弹钢琴一样轻敲椅子扶手，或者不时移动一下桌子上的某件东西，那么此时你最好站起来告辞。别看他的表情还是那么热忱，他手部出现的那些无意识动作已经告诉你，他开始感到心烦意乱，提醒你该走了。

在彼此信息交流最热烈的时候，频频出现摩擦手指、捏鼻子、拭脸等与交谈内容无关的动作时，表示做出该动作的人，并没有认真倾听对方的说话，其心理上已经偏离了谈话主题。很多时候，这种下意识的动作，是表示对对方的谈话没有兴趣的一种无言信号。

无意识的动作，有时候可以透漏出一种企求别人的信号。比如，我们经常可以看到一些子女在外工作的独居老人，他们经常不由自主地玩弄一些小东西，这是他们在向外界传达这样的信息——我们很寂寞，多希望有人来陪陪我们啊！如果一个人不了解独居老人这种无意识动作的含义，常常会对他们这些小动作感到困惑不解。

### 从旅游偏好窥探人的性格

心理学家认为，了解一个人喜爱的旅游方式，可以推测出一个人的内在性格。不妨拿自己进行比较，便可以探究其真实性。

**1. 喜欢欣赏风景的人**

喜欢欣赏风景的人，不想被局限于斗室之内，呆板的工作往往令他们感到烦躁，他们是精力充沛的人，而且富于幻想，任何生活中的新想法或新体验，都会让他们大为兴奋。

**2. 喜欢漫步海滩的人**

喜欢漫步海滩的人，个性略带保守与传统，享受孤独的感觉，有一种离群索居的欲望。不过，由于这种人对朋友和人际关系都比较冷漠，所以他们会是好父母，因为他们会把所有心思都放在孩子身上。

### 3. 喜欢参加旅行团的人

喜欢参加旅行团的人，是很理性的人，做什么事情都喜欢计划得井井有条，不期待任何惊奇的意外之旅。此外，他们个性豪爽，喜欢与别人分享一切，而且当别人懂得欣赏他们的时候，他们会格外高兴。

### 4. 喜欢到各地探访朋友的人

喜欢到各地探访朋友的人的最大优点是忠诚，也是他们做任何事情的最大动力。在探访朋友或亲戚时，他们会产生一种踏实感。另外，他们还是实事求是的人。

### 5. 喜欢出国旅行的人

喜欢出国旅行的人，是追求潮流和时尚的人，生活中的变化会让他们觉得很刺激。此外，他们还有充满幽默的个性，不容易被生活的重担压倒，总是过着自由自在、毫无拘束的生活。

### 6. 喜欢露营的人

喜欢露营的人，是传统思想的拥护者，拥有较高的道德标准，个性独立，富于创造性。这种人的人生观是讲究实际、不沉缅于幻想的。

# 从读书看人的性格特征

在心理学家眼里,读书不仅能增加一个人的知识,丰富一个人的内涵,还能在某种程度上反映出一个人的性格和心理。从一个人喜爱看的书,可以分析其性格和心理。

**1. 喜欢读言情小说的人**

他们是重感情的人。这种类型的人非常敏感,生性乐观、直觉敏锐,一般很快就能从失败和挫折中恢复过来,从而东山再起。

**2. 喜欢看传记的人**

这类人有好奇心重、谨慎、野心勃勃等性格。他们在做出决定之前,一定会研究各种选择的利弊得失及可行性,绝对不会贸然行事。

**3. 喜欢看通俗读物的人**

喜欢看诸如各种街头小报、周刊、八卦杂志的人,一般都富有同情心,乐观开朗,经常利用巧妙的言辞带给别人欢乐。这种人总有源源不断的趣味性话题,经常成为办公室里或社交场合中颇受欢迎的人物。

**4. 喜欢读漫画书的人**

这类人一般都喜欢纵情玩乐,性格无拘无束,不想把生活看得太认真。

**5. 喜欢读侦探小说的人**

这种人勇于接受现实中的挑战,善于解决各种各样的问题，对于别人不敢挑战的难题，他们也愿意去应对。

**6. 喜欢看恐怖小说的人**

这种人多半因为生活太沉闷，使得他们想要寻找刺激，或者尝试冒险。

**7. 喜欢读科幻小说的人**

这种人大多是有丰富的幻想力和创造性的人，多为科学技术所吸引，喜欢为未来拟订计划。

**8. 喜欢读历史书籍的人**

此类人富有创造力，不喜欢胡扯、闲谈，宁愿花时间做一些有建设性的工作，也不想去参加无意义的社交活动。

## 从益智游戏来观察对方

益智游戏就是以新方法运用旧知识来解决问题。经常接触益智游戏，会使一个人变得更聪明、更灵活。不同的人会喜欢不同类型的益智游戏，喜欢是因为他对某种思考形式感兴趣，这就是人在性格方面的一种体现。通过喜欢的益智游戏，也能对一个人进行观察、了解和分析。

**1. 喜欢魔方的人**

喜欢魔方的人，大多数自主意识比较强，他们不希望他人把一切都准备好，也不喜欢让他人的思想和意见影响自己，而是热衷于自己去钻研和探索，哪怕这需要漫长的过程和付出比较高昂的代价，也不会改变初衷。他们具有很好的耐力，对某一件事情，别人已经感觉不耐烦的时候，他们也能坚持如一。他们心思灵巧，触觉相当灵敏，喜欢自己动手制作一些小玩意。

**2. 喜欢拼图游戏的人**

喜欢拼图游戏的人，他们的生活常常也像拼图一样，好不容易把一幅完整的图形拼好，紧接着又会变成一块块的碎片。他们的生活常常会被一些意料不到的事情所困扰和左右，有时甚至使长时间的努力和付出全部付诸东流。庆幸的是，这一类型的人具有一定的忍耐力和信心，在不如意的生活面前，他们不会被击垮，而是能够保持自己奋斗的精神，一切都可以重新开始。

**3. 喜欢纵横字谜的人**

喜欢纵横字谜的人，多是做事非常注重效率的人。他们希望在最短的时间内花费最少的精力且最大限度地完成某件事情，可这在某些时候是不现实的。他们很有礼貌和教养，在与人相处时彬彬有礼，表现出十足的绅士风度。他们大多有坚强的意志和责任心，敢于面对生活中始料不及的困难甚至灾难。

**4. 喜欢玩几何图形游戏的人**

喜欢玩几何图形游戏的人，多是比较聪明和富有智慧的，他们对某一事物常常会有自己独到的见解，而不是随大流。他们有很强的自信心，生活态度积极向上，在思想上比较成熟，为人深沉而内敛，常常是一副成竹在胸的模样。在做某一件事情之前，他们大多会经过深思熟虑，在心里有了大致的把握以后，才会展开行动，这样即使出现什么变故，也能很快地找到应对的策略。

**5. 喜欢数字类益智游戏的人**

喜欢数字类益智游戏的人，大多逻辑思维能力比较强，他们的生活多是极有规律的，有时候甚至达到了刻板的程度。他们在为人处世等方面并不善长随机应变，而是过分的有棱有角，结果既冒犯了别人，也给自己带来了伤害。

**6. 喜欢智力测验的人**

喜欢智力测验的人，对生活的态度虽然是非常积极和乐观的，但有时候并不了解生活的本质是什么。他们的生活没有什么规律，而且对于各种事物的轻重缓急并没有特别清楚的认识，常常会将时间、精力甚至财力浪费在没有意义的事情上面，结果反倒将正经事情耽误了。可是他们并不为此而懊恼或后悔，相反却会找各种理由安慰和劝导自己。

**7. 喜欢神秘类益智游戏的人**

喜欢神秘类益智游戏的人，性格中最突出的特征就是疑心比较重。在他们看来，这个世界上好像没有一样东西是可信的，他们对任何事物都表示怀疑，而这种怀疑常常又是没有任何依据的。他们对某些细节及一些微小的差别总是表现得极其敏感，而这往往又会成为他们为自己的怀疑所找到的依据。他们会不断对别人进行"指控",但紧接着又会为没有充分的证据进行解释说明而感到苦恼。

8. 喜欢挑错类游戏的人

喜欢挑错类游戏的人,一般都活得不轻松,常常会被一些没有任何理由的烦恼所困扰。尽管现状是一片大好,可他们却往往要朝着坏的方面想。他们的胸怀大多不够宽广,很少注意到别人的优点,而总是盯着别人的缺点不放。

## 酷爱不同球类运动的人

人们常说生命在于运动,这个运动主要就是指身体运动。其实运动对于人而言是一种必不可少的生活方式,生活当中绝大多数人也都在运动。不同的人会热衷于不同的运动方式,这也是人在性格方面的流露。

1. 喜欢篮球的人

喜欢篮球的人,多有较高的理想和远大的目标,他们经常对自己抱有很高的期望,希望自己能够比他人更出色,站到别人的前边去。为了达到这样的目标,他们可以做出很大的牺牲和努力。这其中可能避免不了要遭遇失败,但他们不会被失败所击倒,不会一蹶不振、灰心丧气,与之相反,他们的心理素质都比较好,能够跌到以后重新站起来,再接再厉。

### 代表地位的高尔夫球

> 张总,这个文件比较急,您签一下。

> 张总,您的电话。

> 他们能够成功是因为具备了成功者必备的素质:宽阔的胸怀、远大的理想、不达目的不罢休的精神和坚强的毅力。

**2. 喜欢排球的人**

喜欢排球的人,多是不拘小节的人,他们在做一件事情的时候,对过程的重视程度往往要超过结果。

**3. 喜欢打网球的人**

喜欢打网球的人,大多数是具有较高文化素养的人,因为网球运动本身就具有一定的小众性,并不是所有人都可以轻而易举加入到这项运动中来。喜欢网球运动的人从整体上来说,大多是属于文质彬彬、有涵养的那种人,他们会在各个方面严格要求自己,使自己达到一个相对比较高的层次,并致力于追求至善至美。

**4. 喜欢足球的人**

足球运动本身是一项很刺激的运动方式,能让人进入兴奋状态。喜欢足球的人,是相当富有激情的人,对生活持有非常积极的态度，有战斗的欲望，工作中干劲十足。

## 主动当介绍人的人喜欢自我表现

"听说你明天要到外地出差，那里正好有很多我的好朋友，你只要向他们报上我的名字，保证你谈业务时会很顺利。"有的人就是如此，别人还未请他帮忙，他就主动为人介绍朋友。

如果这位出差的人士靠这位朋友的介绍，得到当地朋友的特别照顾，同时借着这些人的人脉资源和信用，工作确实开展得很顺利，甚至他们还照顾你刚到陌生的地方，空闲时间带你四处游玩，那么这种人的好意实在不错。但多半情形是尽管你按照地址找到了那些"朋友"，情况却与预期有较大不同。其中原因可能是因为那些"朋友"并不像介绍人所说的那样值得信赖，而且他们两人也没什么特别亲密的关系，所以才会对你不冷不热。

如果出差的地点是外国的话，这个介绍人想发挥自己影响力的欲望也就更强烈，所以我们可能会听到他说："喂！你这次是不是要去伦敦？你可以拿着我的推荐信去拜访这个人，或者你到了纽约去找这个人……"如此一一介绍，而当事人信以为真，拿着那封信去拜访被推荐人时，结果可能和前述境遇相同，不但自己的计划泡汤了，而且对方也许根本就不知道介绍人为何许人也。

这种人，为什么如此热衷于帮别人介绍朋友呢？原因就是这些介绍人可以通过为人介绍朋友这一行为，来表明自己能力很强、人脉资源很广。

当然，他们一方面是出于好意，理解朋友人地生疏的难处；另一方面，也是向朋友表示他有不少知心好友，他很有办事能力。但这些人的想法未免太单纯，因为他们既然要替人介绍，至少应该知道必须要对当事人双方负责任。

这些介绍人，表面上看来似乎很乐意照顾他人，本着"助人为快乐之本"的原则，事实上他们并未尽到介绍人的责任，只是以此满足自己的虚荣心而已。

总之，喜欢主动当介绍人的人，往往渴望表现自己的能力，却并未真正替被推荐人或第三者考虑。所以，各位不要把他们的行为和真正喜欢照顾别人混为一谈。

## 喜欢自曝隐私并揭人隐私者的心理动机

有个30岁的职员欧阳先生，在办公室里兴高采烈地告诉大家："昨天我去相亲了！我对对方颇有好感，我想她对我的印象应该也不差，看样子会成功，所以我打算在今年秋天举行婚礼，到时候一定请你们来参加我的婚礼！"

过了两三个星期后，同事们对此事情的进展都很关心，

## 自曝隐私者的心理动机

**自我炒作**

> 我当时和他离婚的时候心里真的很伤心。

有些人关注度下降,不再引人注意,于是就来个自曝隐私,以求重回聚光灯下。

> 大娘,我妈和您是一样的病啊,就是吃这个药好的。

**笼络人心**

此类人常见于个体商户和推销人员,他们以肯表露心迹、不藏着掖着、能说心里话为幌子,快速拉近与顾客的心理距离,用这种方式给人以诚实、坦率、可信的印象,从而让顾客对其商品的质量和价格确信无疑,然后毫不犹豫地购买商品。

**设置圈套**

> 大哥,我太可怜了,我刚被人偷了钱包和手机,你能给我一些钱买回家的火车票吗?

这种情况多见于女骗子,她们在瞄准行骗对象后,多数都会表现出一副可怜相,一旦博得对方的怜悯和同情,就开始向对方提出由小到大的请求,狠狠地骗你一把,然后逃之夭夭,销声匿迹。

于是向他询问相关情况，但欧阳先生却露出沮丧的神情，有气无力地说："那个女孩似乎不太中意我，昨天正式拒绝和我继续交往，我非常郁闷。"

还有一次，欧阳先生对同事们谈道："我姐姐两三天前和丈夫离婚，把孩子也带回娘家了，真是太落魄了。"欧阳先生就是如此，把自己的想法、身边发生的事情，毫不隐瞒地告诉同事，而且他自己也喜欢打探其他人的隐私，渐渐地同事们都无法忍受他了。

喜欢自曝隐私者中还包括这样一类人：一些单位刚退休的管理人员。这类人常常有点耐不住寂寞，会时不时地打探一下原工作单位的情况，并且把自己最近的私事一五一十地向老部下们抖搂出来。

虽然他们也了解，自己已经离开单位了，但越了解这个事实，他们的心境就越孤单。从表面上看，他们是退休了，但在心理上，却还停留在自己是单位管理人员的心态。所以，他们渴望探访以前的工作场所时仍能受到老同事的欢迎，以此证明自己还不是"人一走茶就凉"，单位还记得他，从而获得心中极大的满足感。

此外，换了工作单位后，有的人为了表示自己跳槽成功，为了显示优越感，他们常会找一些借口回原单位探望，以满足自己的虚荣心。

## 从握手观察对方的性格

握手是见面时最常见的一种礼节。心理学家指出,从一个人握手时所采用的方式可以表现出他的个性,一些下意识动作能够表现他的内心活动。例如,如果掌心向下,表示此人心高气傲,喜欢高高在上,其支配别人的意识非常强;如果掌心向上,则表示握手者性格温顺,乐于服从,而且为人谦虚恭顺;如果两人都垂直手掌相握,即表示两者都愿以彼此平等的地位相互交往。

**握手时,通过手部细节看清对方心理**

男女初次见面握手时,应注意举止得体文雅,不能有一些轻浮的动作,以免令人生厌。

手心微湿说明他表面上平静、泰然自若,但内心却是个极度紧张的人。不过,他要隐藏任何会暴露自己缺点或心中恐惧的姿态、言语或举动。

手心都湿了,他肯定是紧张了。

不同的握手方式及它们所流露的心迹如下：

**1. 摧筋袭骨式**

握手时，他紧抓你的手掌，大力挤握，令你痛楚难忍。这类人精力充沛，自信心强，为人则偏于独断专行，但组织能力及领导才能都很突出。

**2. 沉稳专注型**

他握手时力度适可，动作稳重，双目注视你。这种人个性坚毅坦率，有责任感而且可靠，思想缜密，善于推理，经常能为别人提供建设性意见。每当遇到困难时，他总是能迅速提出可行的应对方案，值得他人的信赖。

**3. 漫不经心型**

有些人握手时只轻柔地握一握，此类人为人随和豁达，绝不偏执，颇有游戏人间的洒脱感，而且谦和从众。虽然别人把他的手握得很紧，但他只握一下便把手拿开。在社交场合上，他们表现得轻松自在，但内心却是实际而多疑，他不吃任何人的亏，如果对方突然变得很友善，他脑中立即闪出小小的红色警告。他当然会和对方周旋一会儿，但这段周旋的时间，不过是用来发现对方的真正企图和动机。

**4. 双手并用型**

他们握手时习惯用双手握住你的手，这种类型的人热情忠厚，心地善良，对朋友能推心置腹，喜怒形于色且爱憎分明。

### 5. 长握不舍型

握手时他握住你的手久久不放，此类人情感丰富，喜欢结交朋友，而且建立友谊后就会忠贞不渝。当他握着别人的手，握了很长一段时间，看看谁先把手抽回来，这是一种测验支配力的方法。假使对方比他先抽手，那他便晓得自己比对方更有耐力，与对方交涉时可以有较大的把握。

### 6. 手指抓握型

握手时有些人只用手指抓握住你的手，而掌心不与你接触。这种人生性平和而敏感，情绪容易激动。不过，他们是心地善良而富有同情心的人。

### 7. 上下摇摆型

握手时他紧抓你的手，不断上下摇动。此类人积极乐观，对人生充满希望，他们因为积极热诚而成为受人喜欢或尊敬的对象。

### 8. 握手无力型

他和你握手时，手部无力，看上去很随意，无任何动作。他们就像典型的受害者，最大特色就是软弱和犹豫不决。很多人经常在认识他五秒钟后，就会把他给忘记了。

在下篇中，我们主要结合人的衣着、颜色喜好、容貌特征和行为动作，对其心理特征进行了分析，这些初步结论建立在群体分析的基础之上，我们不能将这些结论绝对化，不能用这些分析去套用所有人，要注意矛盾的普遍性和特殊性是同时存在的。我们要做到略微知著,就需要在掌握基本的心理学理论基础上,结合具体场景、具体需求和具体人的成长环境,做出有针对性的分析,方能做到活学活用。

**图书在版编目（CIP）数据**

中国式沟通艺术 / 伯言编著 . -- 北京：中华工商联合出版社，2023.6
ISBN 978-7-5158-3671-3

Ⅰ．①中… Ⅱ．①伯… Ⅲ．①心理交往—语言艺术—中国 Ⅳ．①C912.13

中国国家版本馆CIP数据核字（2023）第 076507 号

## 中国式沟通艺术

| | |
|---|---|
| 编　　著： | 伯　言 |
| 出 品 人： | 刘　刚 |
| 责任编辑： | 吴建新 |
| 封面设计： | 冬　凡 |
| 责任审读： | 付德华 |
| 责任印制： | 迈致红 |
| 出版发行： | 中华工商联合出版社有限责任公司 |
| 印　　刷： | 三河市华成印务有限公司 |
| 版　　次： | 2023 年 6 月第 1 版 |
| 印　　次： | 2023 年 6 月第 1 次印刷 |
| 开　　本： | 880mm × 1230mm　1/32 |
| 字　　数： | 109 千字 |
| 印　　张： | 6 |
| 书　　号： | ISBN 978-7-5158-3671-3 |
| 定　　价： | 38.00元 |

服务热线：010 — 58301130 — 0（前台）
销售热线：010 — 58301132（发行部）
　　　　　010 — 58302977（网络部）
　　　　　010 — 58302837（馆配部、新媒体部）
　　　　　010 — 58302813（团购部）
地址邮编：北京市西城区西环广场 A 座
　　　　　19 — 20 层，100044
投稿热线：010 — 58302907（总编室）
投稿邮箱：1621239583@qq.com

**工商联版图书**
**版权所有　侵权必究**

凡本社图书出现印装质量问题，请与印务部联系。

联系电话：010 — 58302915